国会という茶番劇
維新が拓く日本の新しい政治

足立康史

ワニブックス
|PLUS|新書

はじめに

「我々が（日本を）助けるのなら、日本も我々を助けるべきだ」
「誰かが日本を攻撃したら我々（米国）には戦う義務があるが、（日本は）それをしなくてもいい。それが不公平だ」

本年（２０１９年）６月末、日本で初めてとなるＧ20サミットが大阪で開催され、ドナルド・トランプ大統領、習近平国家主席はじめ世界の首脳が大阪に集結。大阪、関西、そして日本の魅力を世界に発信することができました。

そしてトランプ大統領が離日する直前の記者会見で飛び出したのが、冒頭の日米安保不公平論です。

トランプ大統領は、これまでも同様の認識を示していましたが、日本で、それも私の地元大阪でトランプ大統領が持論を展開したことで、衝撃を受けるとともに、時代の荒波というものを改めて実感することとなりました。

私は、かねてから、世界は当分の間、激動の時代が続くと考えてきました。米中貿易戦争を例に挙げるまでもなく米国一強の覇権が崩れ、世界の大動乱期が始まったとみるべきです。欧州も、いわゆる移民排斥運動から英国のブレグジット（Ｂｒｅｘｉｔ）まで、かつてない混乱を抱えています。東アジアも、北朝鮮の拉致《らち》・核・ミサイル問題と韓国の北化に加え、香港、台湾、そして……多くの国々が中国の強引で暴力的な拡張主義に国・地域の存続さえ危ぶまれています。

今こそ日本も、こうした新しい世界情勢の中で、安全保障環境の変化という「外患」に備え、また、人口減少・少子高齢化の進展という「内憂」に対応していかなければならないのに、日本の国会議員は何をやっているのか？　というのが、国民の皆様の共通の疑問ではないでしょうか。

思い起こせば、１９５５年に保守合同で結成された自由民主党が初めて下野《げや》したのが１９９３年。それから四半世紀もの間、反自民勢力は、護憲や反原発を旗印に、新進党、民主党、民進党等と看板をかけ替え、悪夢の民主党政権を間に挟みながら無意味な合従《がっしょう》連衡《れんこう》を続けてきました。そして、２０１７年秋の解散総選挙を経て生まれた立憲民主党は、そうした政権交代への意欲さえも失い、かつての社会党さながらに万年野党への道をまっしぐらに進んでいます。

私は、初当選から6年あまりにわたり、そうした既存政党の中でも無責任野党たちの欺瞞《ぎまん》を告発し続けてきましたが、最近、強く思うのは、悪いのは無責任野党だけではく、野党を甘やかし、利用してきた政府与党の責任も大きいということです。

今こそ、そうした万年与党と万年野党とが繰り広げる茶番劇、「新55年体制」とも揶《や》揄《ゆ》される猿芝居に終止符を打ち、芝居小屋になり果ててしまった国会を本来の「言論の府」にしなければなりません。混迷する世界情勢の中で、日本がしっかりと地に足を付けて、進むべき道を定めていかねばなりません。

……と、〝国会の暴言王〟こと足立康史にしてはずいぶん普通の始まりというか、過激な発言がないのでガッカリしたでしょうか。残念ながら、本書では皆さんが期待するような「アホ」「ばか」などの罵詈雑言の類《たぐ》いはまったく……いや、ちょっとしか出てきません（汗）。ただ、既存政治・既存政党への怒りからの辛辣《しんらつ》で過激な表現は満載です。本書には、そうした新しい国会、新しい政治、新しい日本をつくりたいとの僕の思いを綴ることができたように思います。

内容は、大阪都構想、福島・大阪・沖縄の三都物語、消費税増税凍結、外交・安保の強化、原子力エネルギー問題、NHK改革、そして皇室継承まで――多岐にわたっていますが、**すべてを貫くテーマは、「新55年体制」の打破です。**

これまで展開してきた無責任野党に対する批判にとどまらず、日本再生のために必要な改革を大提言することで、これからは自民党にも喝を入れ、新55年体制に代わる新しい政治を展望してみたいと考えています。

国会で吠えている足立康史の表面的な姿だけではなく、吠えている本当の理由を知ってもらいたい、そして一緒に立ち上がっていただきたい、そんな気持ちから、本書を書き上げました。そのため、僕がどういう思いで政治家の道に進んだのかについても触れています。

〝国会の暴言王〟とは一味も二味も異なる足立康史の新たな一面を味わっていただきながら、令和の時代に相応《ふさわ》しい新しい政治のイメージを共有いただけたら幸いです。

目次

本書はこの書籍の校了日となる
2019年7月現在の内容となっています。

第一章 〝万年与党〟自公政権が日本を滅ぼす

第1節　憲法9条を巡る自民党の軽薄さ

年内にも憲政史上最長記録を更新する安倍政権最大の政治目標は、言うまでもなく憲法改正国民投票を実施し、憲法9条を改めることでしょう。

自衛隊を明記するなど安倍晋三総理が提案している改正趣旨には僕も賛成ですが、憲法の条文改正ばかりを強調し、靖國神社と国家追悼の問題やスパイ防止法制など戦後長く放置してきた関連する重要テーマに見向きもしないのでは、政府与党自民党の姿勢が問われかねないと危惧《きぐ》しています。

本節では、僕が国会で取り上げてきた諸テーマについて紹介します。もちろん、いずれのテーマも議論に慎重さが求められる分野であることは承知していますが、だからこそ、新しい令和の時代を迎えた今、逃げずに議論を開始したいと思っているのです。

憲法改正への覚悟が見えない自民党

1955年に保守合同で結成された自由民主党の綱領には、6つの柱のひとつに「独立体制の整備」とあり、「現行憲法の自主的改正をはか（る）」と「憲法改正」の四文字が明記されています。にもかかわらず、自民党の選挙公約からは長らく「憲法改正」の4文字が消え、ようやく先日の参議院選挙の公約に明記されましたが、今なお、本気で憲法改正に取り組む覚悟があるのか、よくわからない状況が続いています。

しかし、現在の国際情勢と日本を取り巻く安全保障環境、そして日本の将来を考えていくと、「憲法9条」改正は避けて通ることができないテーマです。

憲法を政局にしたいだけの人々は、「安倍政権に憲法改正を許すと戦争をする国になる」なんて飛躍してしまうのですが、そもそも憲法制定権力を握っているのは、安倍政権でも自民党でもありません。あくまで主権者である国民自身、皆さんなのです。

本来なら国民の皆さんが憲法を制定する権力を持っているのに、**国民の手から憲法を奪い取って国会の中に籠城しているのが、今の国会議員なのだと気付くべきです。**

戦後日本の屋台骨ともいうべき日本国憲法は、誰も投票したことがない、つまり国民の誰一人として賛成も反対もしたことがないものなのです。そうした外から与えられた憲法にしがみついているのですから、これは異常なことです。現行憲法の正統性についてはいろいろな意見があるでしょうが、国民投票に付されたことがないという一点だけを取り上げても、明らかにおかしいわけです。

中身は議論すればいい、極端な話をすれば「改正しない」という提案でもいいので、皆が合意できる内容で国民投票をやろう——「なんでもいい」と言ったら言葉が悪いのですが、すぐにでも国民投票に取りかかるべきです。各政党が自分たちの憲法改正原案を議論のテーブルに載せて、今のままでいいのなら今のままでいいという案を載せて、両院の憲法審査会で協議を行い、速やかに発議をして、国民投票を実施するべきだというのが僕の考えです。

国民の手に憲法を取り戻すという意味で、とにかく一度、国民投票をやるべきです。憲法は、生活のためとか仕事のためとか、景気の問題や社会保障の問題等とは、次元が違うと思われているかもしれませんが、「日本維新の会」は教育無償化、地方分権改革、憲法裁判所の設置といった問題解決型の提案をしていますし、**国民投票は、何よりも民主主義を機能させるために必要なこと**。結果はともかく、絶対に必要な手続きなのです。

憲法の改正は、衆参両院それぞれ総議員の3分の2以上の賛成がなければ国会での発議ができません。それができたとしても、国民に提案して、国民投票の過半数の賛成を必要とするというハードルの高いものです。

現在、衆議院では自公の与党だけで3分の2を確保していますが、参議院では自公に維新が入ってはじめて3分の2に達していました。その意味では僕ら維新も力を持っているわけです。

ただ、2019年7月の参院選では、自民党、公明党、日本維新の会によるいわゆる〝改憲勢力〟は3分の2（非改選議席と合わせて164議席）を割ってしまいました。その結果、両院での発議は非常に厳しいものとなってしまいました。

そういう観点から、本当は6月に発議したほうが良かったと僕は思っています。7月の参院選を挟んで、9月ぐらいに国民投票――そういう流れを僕は主張してきましたが、参院選への悪影響を考慮したのか、あるいは参院選で3分の2を維持できると判断したのか、自民党は及び腰でした。

こうした点では、「安倍政権の間は憲法改正しない」と言っている野党はもちろん話になりませんが、**野党に引きずられて一向に議論をまとめようとしない自民党もだらしないと断じざるを得ません。**国会で多数を持っているのだから、自民党には、もっとリーダーシップを発揮してもらわなくてはなりません。

憲法に関して今、必要なのは、安倍政権を監視する野党ではなくて、憲法を国民の手に取り戻すために自民党の背中を押す、自民党の手を引いて前に進む野党だと僕は思っています。

維新の憲法改正原案に9条がないワケ

日本維新の会は教育無償化や憲法裁判所の設置といった問題解決型の憲法改正提案をしてきたと書きましたが、憲法改正には与党も野党もないのですから、日本の未来に責任を有する国政政党として、提案をするのは当然のことであると思っています。

僕たち日本維新の会は、すべての政党の先陣を切って、2016年3月に憲法改正原案を取りまとめました。具体的には「教育無償化」、「統治機構改革」、「憲法裁判所の設置」の3点です。

まず**「教育無償化」**については、現在でも小学、中学の義務教育は「無償とする」と憲法26条に明記されていますが、少子化により人口が減少していく中で、無償化の範囲を幼児期から大学まで広げていこうと、実利的な提案をしています。大阪では行財政改革を断行することで、増税することなく無償化を実現してきました。

次の**「統治機構改革」**というのは、道州制を導入して国と地方の関係をつくり直すこと。地方に課税自主権を与えて、自由にやってもらうという考えです。

そして、**「憲法裁判所の設置」**。例えば、平和安全法制を成立させるだけで合憲か違憲か評価が割れてしまい喧々諤々《けんけんがくがく》の状況になりましたが、そもそもなぜ揉めたのかというと、それを裁く裁判所が日本にはなかったからです。そのため、憲法の解釈に関する見解の相違と疑義を裁判手続で解決する憲法裁判所を新設しようというのが僕たち維新の会の考えです。

お気付きのように、我々の憲法改正原案には、憲法9条が含まれていません。「憲法改正＝9条改正」のことだと思っている方も多いようですが、決してそうではないということを、まずご理解いただきたいと思います。

現行憲法は70年以上前に公布施行されて以来、一言一句の改正も行われていません。日本が抱える具体的問題を解決するために、時代の変化に合わせて憲法も改正していこうというのが、僕たちの基本的な考え方です。

憲法改正を発議して、国民投票といういまだ経験したことのない民主主義的手続きを一回くぐり抜けることに価値があり、誤解を恐れずに言えば、**憲法9条の改正はそのあとでもいいと思います。**２０１５年の大阪都構想を巡る住民投票がいい例です。結果は否決されましたが、大阪の民主主義は確実にバージョンアップし、２０２０年秋には再び住民投票に挑戦できる見通しなのですから。

我々の憲法改正原案に憲法9条が含まれていないもうひとつの理由は、自民党が憲法9条の改正をあまりに教条的に捉えていることへの挑戦という観点があります。

日本がグローバルな大競争時代を生き抜き、これまで続けてきた繁栄をこれからも維持・拡大していくためには、やはり憲法9条の見直しは必要だと僕も思っています。

しかし、**日本が戦後70年以上も背負い続けてきた憲法9条を巡る真の問題というのは、憲法9条の条文を改正すれば、それだけで乗り越えられるほど簡単な問題ではない**と僕は考えています。

第一は、もちろん平和安全法制の問題です。前著『足立無双の逆襲』（悟空出版）でも詳述しましたが、米国の政策によって伸縮を余儀なくされる「自衛権」の範囲を憲法に無理やり明記するのではなく、閣議決定による憲法解釈と平和安全法制等の法律で規律付けする現在の枠組みは、維持すべきと私は考えています。

しかし、ではなんでもいいのかというと、そういうわけにはいきません。私たち日本維新の会（当時は「維新の党」）は、2015年の延長国会で平和安全法制を審議した際、政府の提案する「存立危機事態」に対して、「米軍等防護事態」という、より明確で限定的な独自案を出しました。審議拒否を繰り返し、「違憲だ」「戦争法だ」とレッテル貼りに終始した無責任野党たちとは一線を画しつつ、あるべき法律論は、これからも展開していかなければなりません。

本書では、こうした平和安全法制の問題に加えて、（1）戦没者の追悼《ついとう》施設の問題、

（2）戦争被害者補償法制の問題、更には（3）情報機関・諜報機関の整備の問題を提起しておきたいと思います。これら3つの問題について議論を深めることなく、単に憲法9条を改正するというのでは、やっぱり自民党はダメだな、と断じざるを得ないからです。

なぜ来日したアメリカ大統領は献花しないのか

憲法9条に関わるテーマで一番大事なのは、戦没者の追悼施設の問題です。

例えば、安倍総理が訪米してトランプ大統領と会談する際には、必ずバージニア州のアーリントン国立墓地に行き献花をします。国立墓地に外国首脳が献花をするのは当たり前の儀礼だし、そこには戦勝国も敗戦国もありません。

例えば、僕も去年（2018年）10月、「中華民国建国107年双十国慶節」の記念行事に日華議員懇談会（日華懇）のメンバーとして訪台しましたが、辛亥《しんがい》革命などの戦没者をまつる「國民革命忠烈祠」で献花を行ってきました。

ところが、アメリカ大統領はじめ世界の首脳が日本に来ても献花することはありませ

ん。どうしてか？ 答えは簡単。献花する場所がないからです。

靖國神社はどうかって？ 天皇陛下も総理大臣も行けないところにアメリカ大統領に行っていただくわけにもいかないでしょう。

靖國神社の近くに「千鳥ケ淵《ちどりがふち》戦没者墓苑」がありますが、あの墓苑は国立の追悼施設ではありません。あそこは、日中戦争、太平洋戦争の戦没者の遺骨のうち、どこにも行き場のない遺骨——身元不明や引き取り手のない遺骨を安置する施設となっています。戦没者慰霊に関することは厚生労働省の管轄ですが、施設としては環境省が所管する国民公園等のひとつです。アメリカの大統領が千鳥ケ淵戦没者墓苑に献花するのかといえば、それはないし、実際に行った実績もありません。戦没者の追悼とは、少し趣旨が変わってきてしまうのでしょう。

そこで僕は、先の通常国会で菅義偉《すがよしひで》官房長官に、いわゆる「旧軍墓地」を取り上げ、国立化する等によりG20等国際イベントで来日した世界の首脳に献花してもらえないか、政府に問い質しました。

「旧軍墓地」というのは、日本全国に80カ所以上ある旧陸軍墓地や旧海軍墓地であり、例えば、大阪には「真田山旧陸軍墓地」という、日本で最初（明治4年／1871年）に設置された大規模な旧軍墓地があります。しかし、荒れ放題になっていたため、当時の吉村洋文《ひろふみ》大阪市長（現大阪府知事）と私たち維新の国会議員団が政府に要望し、初めて国費で修繕等が行われることとなった経緯があるのです。

そうした墓地をしっかり国立化すれば、天皇陛下、総理大臣、そして外国首脳にも、ごく普通に献花いただける、そんなことも考えて行動してきたのです。

もちろん、靖國神社を蔑《ないがし》ろにするつもりは毛頭ありません。

ただ、**靖國神社を国立の追悼施設にするためには憲法20条の改正が必要となります。**「信教の自由と政教分離原則」について規定しているのが憲法20条ですね。もし靖國神社を国立の追悼施設とするなら、靖國神社だけは特別であると、憲法20条の例外規定を設けなければなりません。

自民党議員を中心とした「靖國神社みんなで渡れば怖くない議連」……いや、間違えました、「みんなで靖國神社に参拝する国会議員の会」ですね。なんかカッコつけていますが、要は一人では怖くて行けないということじゃないですか。僕は、上皇陛下に平成のうちにご親拝いただけなかった事実と向き合う中で、最近は参拝を控えるようになりました。会の皆様は、なぜ「憲法20条を改正しよう」と言わないのでしょうか。

憲法9条の見直しは必要だけど、9条の条文を改正すればいいというほど簡単な問題ではない、と申し上げているのは、9条の周りには、こうした忸怩《じくじ》たる現実が横たわっているからです。天皇陛下や総理大臣、アメリカ大統領が献花し慰霊できる追悼施設に係る法整備もできないのに、憲法9条改正なんて掛け声は、僕には絵空事にしか思えないのです。

そういう意味では、自民党というのは本当におためごかしで口ばかり、根性がありません。そんなに靖國神社を追悼施設にしたいのなら、憲法9条のみならず憲法20条改正を主張すればいいのです。

まあ、選挙で支えてもらっている公明党が気になって、選挙ファーストの自民党の諸君には逆立ちしてもそれは言えないでしょう。

戦争被害を受けても国民は泣き寝入り

憲法9条に関わるテーマは、靖國神社と国立追悼施設の問題だけではありません。

そもそも国家というのは何のためにあるのかというと、国民の生命と財産を守るために存在しています。国の平和と安全を守るために自衛隊もあるし、政府、内閣もあるわけです。

ところが、もし北朝鮮のミサイルが日本国内を狙って飛んできたとしたら？　日本には憲法9条があるので、いくら自分からは仕掛けないといっても、北朝鮮には関係ありません。そのミサイルがどこかの住宅エリアに落ちて爆発したら、たくさんの人が亡くなってしまうことでしょう。そうなると、政府は国民の生命と財産を守ることに失敗したということになります。

こういう場合には、政府は国民に補償しなければいけないというのが、国際社会では当たり前のことです。

実は、世界の先進国では「戦争被害補償法制」というものが制定されています。基本的に戦争をすることが前提の国には、戦争で被害を受けた場合に備えて、国民への補償をどうしていくのかという法律の体系があるのです。

でも、日本にはそうした法体系がありません。もちろん、現状では、もし他国からの攻撃で死亡した場合はアンラッキー、障害を負ったら障害福祉で支えるしかありません。つまり、既存の法令で対応するしかないのです。

なぜか。憲法9条があるゆえに、戦争に係る様々なケースを想定していないからです。日本が武力で他国を攻撃しないという理想は立派ですが、他国から攻撃された場合の備えの思想が欠けているのです。戦争というのは仕掛けるだけではなく、仕掛けられることもあるわけですから。

つまり、9条の問題というのは、「戦力の不保持」と「交戦権の否認」をうたった2項を直したり削除したりすればいいという、それだけの問題ではないのです。

これまで、僕たち日本国民は、憲法9条を理由に戦争から逃げてきました。「戦争」という2文字、「軍隊」という2文字から、そして、「戦死」や「戦争被害」という、考えたくもないリスクから。そうした現実に起こり得る事態から逃げてきたので、追悼施設もない、戦争被害補償法制もない、何もないのです。

戦争被害補償法制の問題を国会で取り上げたのは僕だけです。

国際情勢がこれだけ混迷している現在、こうした有事に起こり得ることに目をつぶって、議題に取り上げることすらタブー視するのは愚かですし、国会議員としての仕事を放棄しているといわざるを得ません。

結局、自民党もこうした議論からは逃げている点では、無責任野党たちとあまり変わりないと断じざるを得ないのです。

日本版CIAやスパイ防止法を整備せよ

ここまでは、まさに憲法9条と戦争を巡って、本来は必要な追悼や補償に係る基本的な法制度が整備されてこなかった実態を紹介しましたが、もうひとつ、日本の平和ボケを象徴する事例を紹介したいと思います。それは、貧弱な情報機関とスパイ防止法制についてです。

アメリカにはCIA（中央情報局）があります。CIAだけじゃありません。アメリカには複数の情報機関が存在し、相互監視をし合いながら、スパイがロシアや中国に寝返らないように見張っている……そんな重層的なインテリジェンス構造ができ上がっています。その数なんと10万人。もちろん、イギリスには007で有名なMI6（秘密情報部）がありますね。

ところが日本には、いわゆる情報機関に係る設置法が存在しません。確かにCIAやMI6のカウンターパートとして「内閣情報調査室」（内調《ないちょう》）が設置されていますが、その根拠は、内閣法や内閣官房組織令に「内閣の重要政策に関する情報の収集及び分析その他の調査に関する事務をつかさどる」とあるだけで、その定員も415名に過ぎません。**10万人に対し415人では、世界の安全保障情勢について米国から提供される情報に頼らざるを得ないのも当然**だと思うのです。

国会で僕から内調の内閣審議官に対し、日本国として「インテリジェンス活動」をやっているかどうかを聞いても、「法令にインテリジェンスという用語がないために答えられない」と言うのです。話になりませんね。

スパイ防止法も喫緊の課題です。例えば、中国では国家安全法が、2014年に反スパイ法という形に発展的に改正され、スパイ容疑で2017年3月に拘束された日本人男性に懲役15年の判決が言い渡されました。

では、日本にも、同様なスパイ防止法はあるのでしょうか。これも国会で確認しましたが、「ございません」のひとこと。

今の日本、自民党が長年にわたってつくってきた日本は、中国の反スパイ法に基づき邦人が拘束され懲役刑を食らっても為《な》す術《すべ》がないだけでなく、**同様の事犯が外国スパイによって日本で引き起こされても、取り締まる法令もないというのが現状なのです。**

国の平和と安全、国民の生命と財産を守るために必要な法令が整備されていないという問題は、戦没者の追悼や補償、スパイに係る基本的法制度だけではありません。私が今、所属している経済産業委員会における特許法の審査を通じて明らかになったのは、国家安全保障上の機微技術の流出を防止するために出願内容の公表を制限する、いわゆる秘密特許制度が日本にはないという問題でした。

一度、網羅的に調べてみたいと思いますが、少し意識して国会活動をしているだけで、「9条以前の9条問題」が、これも！　あれも！　と際限なく見つかります。

第2節　ポスト安倍が期待できない理由

僕は安倍総理のことを「戦後最高の総理大臣」と月刊誌に書いたことがあります。

在任期間が長いからでもないし、安倍総理と維新の会との縁が深いことが理由でもありません。第一は、いわゆるアベノミクスを通じた雇用情勢の回復、第二は同盟国である米国のトランプ大統領との関係をしっかり築いたこと、そして第三は憲法改正へのリーダーシップです。

一方、心から心配しているのが後継者、すなわち「ポスト安倍」についてです。私たち日本維新の会は、安倍政権には是々非々で対応してきましたが、後継者の顔ぶれを見ると、誰が宰相となっても、ガチンコで戦うことになりそうです。

本節では、僭越ながら、ポスト安倍の最有力候補と言われている石破茂さんと小泉進次郎さんを取り上げ、彼らの何が問題なのか持論を紹介してまいりたいと存じます。

石破茂さんを僕が名指しで批判したワケ

本章の冒頭（前節）において僕は、「憲法改正に自民党が本気で取り組む覚悟があるのか、よくわからない」と書きました。憲法改正に関しては、自民党の中にも足を引っ張る人がいっぱいいるのです。安倍さんにだけは憲法改正をさせたくない人もいっぱいいて、その象徴が石破茂議員であり、安倍総理の背後から鉄砲を撃ってばかりいます。

憲法9条改正に関して、「戦力不保持を定めた2項を維持して自衛隊を明記する」首相案に対し、石破さんは「2項削除」を主張していました。

もちろん、「戦力の不保持」と「交戦権の否認」をうたっている2項削除は正論ですが、石破さんに「2項削除」に取り組む覚悟があるのかは大いに疑問です。むしろ、一足飛びに「2項削除」ができないからこそ皆で苦労しているのです。

公明党を含めて超党派で合意できる9条改正案というストライク・ゾーンを見定めようとしている時に、2項削除を言い出すのは、**できないことを言って審議を止める無責任野党のやり方そのものです。**

石破さんは、加計《かけ》学園問題でも、徹底的に安倍さんの足を引っ張りました。2017年11月の文部科学委員会で、僕は国民民主党の玉木雄一郎代表や立憲民主党の福山哲郎幹事長と並んで石破議員を名指ししながら「犯罪者（の疑いがある）！」と敢えて発言し、彼らを蹴飛ばしまくりました。

当時、なぜ僕が石破議員をボコボコに批判したかといえば、加計学園に関連し安倍総理を追及するのも、憲法9条2項削除を主張するのも、すべてが安倍さんの足を引っ張るために過ぎないと感じたからです。本気で2項を削除すべきだと思って言っているのではなく、あのタイミングで9条2項削除の旗を揚げると、自民党の中が混乱するとわかってやった確信犯だからです。

石破さんは、その後の総裁選でも「地方創生」に加えて「防災省創設」や「ポストアベノミクス」など、いろいろカッコいいことを言っていました。しかし、石破さんが打ち出す政策はすべて、本当にそれが国民のためになると思っているから打ち出しているのではなく、**安倍さんの足を引っ張るため、自民党の中を引っかき回すために投げているボールだというのが見え見えなのです。**

僕は無条件で安倍さんを支持しているわけではありませんが、少なくとも憲法改正についていえば、安倍さんのリーダーシップに期待しているし、安倍政権の間に憲法改正の国民投票を実現しなければ、当分の間、できないだろうと考えています。

前節で取り上げた靖國神社や戦争被害補償、更には情報機関とスパイ防止法についても、他の野党のように憲法9条改正を阻止するために提示しているのではなくて、本当の意味で「憲法9条改正を国の繁栄の礎《いしずえ》としていきたい」、そんな思いから指摘をしているのです。

実は素晴らしい玉木雄一郎の「こども国債」

石破さんは非常に頭がいいですし、よく勉強もしています。そのため、バッターボックスに立っている安倍総理総裁が嫌がるボール、混乱するボールをよくわかっていて、的確にストライク・ゾーンの四隅に投げています。そういう意味では、あっちこっちに暴投ばかりしている無責任野党のような単なるアホではありません。

ところが、将来の総理候補と名高い小泉進次郎議員は、どこにバッターボックスがあって、1塁、2塁、3塁の位置はもちろん、球場の形すらわかっていないようです(笑)。そもそも、戦っている相手すらわかっているのかどうか怪しいものです。

彼はいったい誰のために、何をしたいのか？ 今はどういう時で、何を実現するために、なぜそのボールを投げるのか……そういうことがまったくわかっていない人です。だから、もし総理になっても、どうしようもない〝バカ殿〟になることでしょう。

例えば小泉進次郎議員は、教育無償化の財源を社会保険料に上乗せして徴収する「こども保険」を提唱しました。教育の財源に関しては、国民民主党の玉木雄一郎代表が子育て・教育の完全無償化を目指すために「こども国債」の発行を提唱したことがありました。この両者を比べると、**「こども国債」のほうが圧倒的にまっとうな案で、実は僕も賛成です。**

今、国債というのは、財政法上認められているのは公共事業のための「建設国債」だけ。もちろん、国の財政の赤字を補填《ほてん》するための「赤字国債」もありますが、本来は認められていない裏技のため、発行には特例法の制定が必要とされています。

建設公共事業については、なぜ国債を発行して借金をしてもいいのか？ それは将来への投資であり、将来にリターンがあるからです。

普通の国民がマイホームを買うのと一緒……というと、よりイメージが伝わるでしょうか。なぜローンを組んで借金をしてでもマイホームを買うのかというと、マイホームは手に入れてから30年も40年もその便益、つまりリターンがあるからです。もしマイホームがなければ毎月家賃を払わなければなりません。そこに借金をする合理性があるというのは、建設国債でも同じなのです。

それと同じように、子どもへの投資というのは、たくさん子どもが生まれ、その子どもが育ち、働いて富を生み出し納税もしてくれます。これは家族にとっても地域にとっても、国家にとってもリターンがあります。

子どもへの投資というのは、将来のリターンがあるのだから国債を発行して、借金をしてでも子どもにはお金を投じていこう――それが「こども国債」の発想です。

これは国家戦略として極めて大切な議論です。だからこそ、僕は政策を戦わせようとする玉木さんの姿勢自体は嫌いではないんですよね。

小泉進次郎さんの「こども保険」の何がダメなのか

ところが、小泉進次郎さんの「こども保険」は相当ボケています。

小泉進次郎さんは自民党の中で、「自分は日本の中長期的な課題に取り組むのだ」ということを常に標榜している議員です。つまり、自分は若く、次世代のリーダーだから、足元のことには関心がありませんと公言しているようなものです。

彼が去年の3月に立ち上げた勉強会の名前が「2020年以降の経済社会構想会議」。何をしたいのかよくわかりませんが、とにかく彼は常に「自分は今年のこととか来年のことには関心がないんだ。中長期の課題をやるんだ！」とカッコつけているわけです。

そんな彼が鳴り物入りで提案してきたのが「こども保険」でした。国債でもない、税でもない、どうして「保険」と言い出したのかが問題です。

そこでちょっと調べてみると、お口あんぐりの真相が見えてきました。

社会保険には、医療保険、介護保険、雇用保険があるのはご存知のとおりです。実は当時、雇用環境が改善する中で雇用保険の保険料を0・2％下げましょうという議論が持ち上がりました。雇用情勢の改善で失業給付が減り、積立金がちょっとダブついてきたというのです。

そこに目ざとく目を付けたのが小泉進次郎議員でした。

「あっ、あそこにお金がある！」と保険財政の中に「落ち穂」を見つけてきて、その0・2％をもらいにいこう――それが「こども保険」の正体です。

そんなアホな（笑）。これのどこが中長期的なソリューションなの？ 目の前に落ちているお金（＝落ち穂）を拾いに行っただけでしょう。それで僕はもう小泉進次郎議員が何も考えていない、結局、彼もただの二世議員だと見限るようになったのです。

それでも当時、この「こども保険」については論争が起こりました。そんな折、出版社から「こども保険をテーマに対談しませんか？」と連絡が来たのでOKしました。

『正論』（産経新聞社）2017年7月号に、自民党の村井英樹衆議院議員との対談、「激突！ 正論コロシアム 『こども保険』は是か非か 衆議院議員 足立康史vs.衆議院議員 村井英樹」という記事が載っています。

「小泉氏とともに提言を取りまとめた自民党の村井英樹衆院議員と、この提案に反対する日本維新の会の足立康史衆院議員が登場し、対談で激しい議論を繰り広げた」
まぁそんなところです。その対談で、僕は小泉進次郎の提案を「アホ」だと言って、また暴言だ！　と多くの人から怒られましたが、「足立さんのアホには愛がある」とおっしゃってくださった小泉さん、これは人格攻撃ではなく政策をアホ呼ばわりするもので、これからも徹底的に批判していくつもりですからね。

進次郎さんにはもっと他流試合に臨んでほしい

最初、僕はてっきり小泉さんとの対談だと思って楽しみにしていたのですが、彼は出てきませんでした。僕は改めて小泉さんと対談しようと言ったのですが、本人は出てこず、財務省出身の村井英樹議員を出してくるわけです。いつもこの手法です。いくら小泉さんと対談したいと言っても出てこない。この姿勢は問題でしょう！

例えば、僕は今年の6月の頭に『朝まで生テレビ！』（テレビ朝日）に久しぶりに出ました。各党からいろんな人が出ていて、例えば立憲民主党から長妻昭《あきら》議員、国民民主党から森ゆうこ議員、自民党からは僕が対談した村井議員が出ていました。

村井氏というのはまだそれほど有名な議員ではないと思いますが、要は小泉さんの右腕です。僕が頭に来ているのは、小泉進次郎というのは、こういう討論の場には絶対出てこないことです。

小泉さんが討論番組に出ないのは、マスコミも彼を守っているということ。この人を出したら絶対滑るし、コケるから。そういう意味ではマスコミが小泉進次郎を育てようとしているともいえます。小泉事務所も「生放送などの討論の場には絶対出すな」という方針を貫いているのかもしれません。

でも、僕は討論の場に出てこないと政治家は鍛えられないと思います。結局、滑ったりコケたりケガしたりぶつかったりしながら人間というのは強くなっていくわけです。皆さんも僕が滑ったりコケたりしている場面はかなり見ていることでしょう（笑）。それで僕は強くなり、賢くなったんです。

とにかく、小泉進次郎はそういう討論の場には絶対出てきません。その象徴が、自分が提唱した「こども保険」の議論においても、自分は出てこないで手下を足立くんにぶつけてきたのです。雑誌や新聞、テレビなどで、対立する陣営と討論・議論する小泉進次郎を見た人がいたら、ぜひ教えてほしいものです。

選挙応援の演説でマイクを握ったり、インタビューを受けているシーンはテレビでも見ます。あとは近しいメディアによる囲み取材だけ。たぶん仲間に囲まれて一方的にしゃべることしかできないのでしょう。もちろん、自民党の同僚議員と一緒の会合はあるでしょうが、同じ方向を向いている仲間といくら議論しても、それは真剣勝負の討論ではないし、成長するはずがありません。

マスコミに守られ、仲間に守られ、このまま箱入りで育てられたら、本当に〝バカ殿〟になってしまうことでしょう。本当にそれでいいのでしょうか。

進次郎と雄一郎、どちらが総理に相応しい？

小泉進次郎さんと玉木雄一郎さん、どちらが先に総理の座を射止めるかといえば、それは言うまでもなく小泉進次郎さんだと僕も思います。でも、熾烈《しれつ》な対論をしない小泉さんと、参院選でもアムロのコスチュームに身を包んでガンダムファンの顰蹙《ひんしゅく》を買った玉木さん、党勢拡大のためなら何でもする玉木さん。僕は玉木さんが偉いと思いますね。

実は今年の6月24日に『報道特注』というYouTube番組に玉木さんに出演いただきました。第二章で詳述する『たまきチャンネル』に私が出演したお返しという意味もあったかもしれませんが、通常国会の会期末を2日後に、安倍内閣不信任決議案の採決を翌日に控えた、政党の党首にとって一番忙しい日であるにもかかわらず、玉木さんはニコニコしながらスタジオに時間どおりお越しくださいました。

そしてみっちり1時間、政界再編から憲法改正、「モリカケ」から年金改革まで、僕やMCの生田與克《いくたよしかつ》さんからの容赦のない質問に真摯《しんし》に答えてくださったのです。その場で議論になった最大のテーマは、やはり少子化対策、子ども支援策でした。

玉木さんは昨年から、「コドモノミクス」と称して3人目以降を出産した家庭に1000万円を給付する大胆な少子化対策を打ち出してきました。私は陰ながら応援してきた一人なのですが、国民民主党の参院選マニフェストをとりまとめる過程で骨抜きになった事実が、番組の中で明らかにされました。

そうした党内調整の難しさを赤裸々に語る玉木さんは、やっぱり憎めないのですが、党首が大胆な政策を打ち出しても骨抜きにしてしまう政党って何なんだろうって考えてしまいます。

中長期的な課題に取り組むと豪語しながら、来年度予算の〝落ち穂〟を拾いにいく自民党のサラブレッドも残念ですが、昨年来、いろんなところで表明してきた看板政策を重要な参院選前に骨抜きにされてニコニコしている野党のエリート代表も、どうかと思います。

やはり、大阪で増税することなく教育無償化を実現してきた維新が国政でも頑張って、本格的な政策を実現しなくてはなりません。

参院選でも、子だくさん世帯に税優遇する大胆な所得減税（N分N乗方式）を打ち出しましたが、次期衆院選に向けて、人口減少・少子高齢化の新しい政治を実現できるのは、自民党ではなく日本維新の会であること、それを信じていただけるよう、政策で自民党に本質的チャレンジを開始してまいりたいと存じます。

第3節　自公政権というシステムの限界

自由民主党が1955年に結成されてから60年あまり。自民党と公明党が初めて連立を組んでから今年でちょうど20年。自公政権は、隆々と日本政治における一強の基盤を固めてきました。

最近では、弱すぎる野党に愛想をつかした細野豪志《ごうし》、鷲尾英一郎、長島昭久《あきひさ》といった実力者たちが自民党に吸収されていきましたが、僕がどうしても自民党に与《くみ》しきれないのは、日本政治の未来を案じるが故です。

衆院の小選挙区制。この選挙制度を維持する限り、自民党一強では有権者に選択の余地がありません。なんとしても自民党に本質的チャレンジを挑む「本格」野党が必要なのです。

戦後の創価学会が果たした知られざる功労

自由民主党という党は、高度成長期を終えた1980年代半ばに本当はもうその役割は終えた……というのが僕の見立てです。

彼らの役割は、高度成長期に経済中心で世の中を回し、大きな経済と豊かな社会をつくっていく——これには成功しました。だから、それに関しては評価してもいいと思います。まっ、それは自民党が偉いというよりは国民が頑張ったからですけどね。

そういう意味では、僕は田中角栄を象徴とする自民党システム——自民党がつくってきた政治システムや政治行政システムというのは、戦後は一定の役割を果たしたと評価もしています。

同様に、**戦後、公明党が果たしてきた功績も評価しています**。それは左に向かいかけた多くの人々を踏み止まらせ、日本が左傾化するのを防いだという意味においてです。

自民党は、終戦から10年経った1955年、自由党と日本民主党の「保守合同」により誕生した政党です。なぜ保守合同することになったかというと、日本社会党が強くなって、日本が左傾化しかけたからです。

実は、1951年のサンフランシスコ講和条約を巡って、社会党は社会党で左右に分裂していたのですが、「社会党再統一」が成立したのが1955年だったわけです。「このままいったら労働運動に押されて、日本が社会主義国家になってしまうじゃないか！」と危機感を持った保守系の人たちが、「これは俺たち、内輪で戦ってる場合じゃないよな」ということで保守派が合同したのが自由民主党です。

それくらい当時の日本は左傾化の恐れがありました。余談ですが、そこで活躍していた人たちが今、朝日新聞や毎日新聞といったマスコミでかなり偏向報道をやっているわけですけどね。

それで、日本が左傾化しそうになった時期に、日本社会が左に傾くのを守った大功労者がいます。実は、それが創価学会だったのです。

当時、財界をバックにする自民党と、組織化された労働者に支えられた社会党が対峙《たいじ》していました。本当にどちらが勝つかわからなかった接戦だったからこそ、保守合同してでも自民党は保守政治を日本に打ち立てようと努力してきました。そこは僕も評価しています。

ただ、**どちらに転ぶのかわからなかった勝負に自民党が勝った裏には、公明党の結党が大きな役割を果たしたと思っています。**

日本の高度成長期というのは、「金の卵」という言葉に象徴されるように、地方からたくさんの労働者が都市部に出てきた時代です。その人たちはみんな未組織労働者でした。そんな、地方から都市部に流れ込んできた若い未組織労働者を吸収していったのが、創価学会だったわけです。

もし創価学会がなければ、社会党や共産党がそうした人たちの受け皿となり、勢力を拡大していく恐れもありました。もし「金の卵」たちの大多数が労働運動に吸収されていったら、その後の日本はもっと激しく左傾化していたことでしょう。

こうしたことから、実は保守系の心ある政治家は、公明党、そして創価学会のことを大変高く評価しています。

公明党がたくさんの国民、有権者を抱え込んでくれたおかげで、日本の社会が安定したという点は見逃せません。

公明党は自民党の生命維持装置か下駄の雪か

創価学会というのは偉いもので、共産党も相手にしないような弱者、例えば病人や貧しい人も受け入れていきました。いや、「病人と貧しい人の集まり」と呼ばれることに誇りさえ持っていたのではないでしょうか。

現在、自民党と公明党、まるで異質なものが連立与党を組んでいるように見えるかもしれませんが、**そもそも保守、反共産というベースが共通しています**。そして、国政で連立政権を樹立するはるか以前から、地方政治では自民党と公明党とは深く手を結び合ってきたのです。

このように、自公連立のベースは、高度経済成長期の60年代からあったのですが、ここ十数年、自公連立を続けてきて、いまや毛細血管までつながっている関係となってしまいました。もう切ると血が出るぐらい、切ったら出血多量で死んでしまうというくらい一体化しています。

僕の小選挙区（大阪9区）だってそうです。自民党の候補者と一騎打ちになるのですが、いつも数千票差で決まります。前回（2017年）の総選挙では、僕は2000票差で負けました。僕の一騎打ちの相手は、お父さんもお爺ちゃんも息子さんも政治家で、お父さんは大臣経験者。自民党が60年以上の歴史を誇る強固な地盤です。

でも、相手が自民党だけが押す候補者だったら僕は負けないですよ！　問題は、そこに公明党が入ってくること。公明党の2〜3万の票が上乗せされて逆転されて、2000票差で僕は負けてしまったわけです。これこそが自民党が延命している実態です。公明党と連立を解消したら、この手の候補はバタバタと落選していくはずです。

だから、僕は恥ずかしい選挙をしているとは全然思っていませんが……勝てません。それぐらい自公連立というのは強いのです。

そういう意味では、自民党というのは今も延命期間中だといえるでしょう。**生命維持装置が公明党だと言ってもいいかもしれません**。

かつて「どこまでも自民党に付いていくしかない下駄の雪」と揶揄《やゆ》された公明党でしたが、もっともっと本来の役割を果たせると思うのです。消費増税の前に行財政改革を断行する、軽減税率ではなくマイナンバーを使った給付付き税額控除を推進する、憲法改正の議論を深める。公明党には、自公政権における心臓、そして血液の役割を果たしていただきたいと願っています。

豪族たちの既得権を維持するための世襲システム

ところが、現実の自公政権は、古い政治を延命するばかりで、80年代半ば、僕が大学に入学した頃から始まった日本政治の新しい胎動も、四半世紀もの間、空転を続け、日本が直面する諸課題はまだ解決されないままです。

その頃から少子高齢化も人口減少も、社会保障・年金制度の破綻《はたん》も、消費増税も全部わかっていたことです。それなのに、それがそのまま解決できずに課題として25年間ずっと残ってきました。つまり、ひたすら先送りしてきただけなのです。

今の日本は内憂外患に直面しています。

「内憂」というのは、少子高齢化と人口減少。55年体制が終焉した30年前から問題はわかっていたのに、自公政権は本格的な対策を取ってきませんでした。

それから「外患」。北朝鮮や中国、ロシアとどう向き合いながら、日本の国益を維持、拡大していくのか。

こうした深刻な課題に日本が直面し、これだけ苦しめられているのはなぜか？ **それは、これまで自公政権がだらしなかったからです。**この20年、30年、時間はあったのに何もやってこなかったからです。

では、なぜやってこなかったのか？ 彼らにはできるわけがないのです。なぜなら、次項で説明するように、全国の「豪族」たちに手足を縛られているので、動こうにも動けないのです。彼らに「身を切る改革」など、できっこありません。

自民党というのは基本的に世襲政治です。では、どうして世襲がはびこるのでしょうか？ キーワードは「既得権益」です。日本全国、北は北海道から南は沖縄まで、権力や権益、お金などの既得権を持っている人たち——それを僕は「豪族」と呼んでいますが、**そうした豪族たちの既得権を維持、拡大するための政党が自民党なのです。**

極端にいうと、それだけです、自民党の定義というのは。すでに力を持っている人たちの力を守り、それを拡大していくための装置だともいえます。

そのため、全国の豪族たちが自分たちの利益を代弁してくれる国会議員をつくって、国会へ送り出しているだけ。そういう意味では、自民党の国会議員というのは全然偉くありません。なぜなら、豪族たちに「俺たちのために働いてこい！」と言われて国会に来ているだけの人たちですから。

彼らには既得権を守る以外に選択肢はありません。なぜなら、そのためにできている政党が自民党だからです。

例えば、自民党の代議士が引退したり、あるいはご病気で亡くなられて代替わりする場合、次にいったい誰が出てきますか？　そう、多くの場合、その子どもが出てきます。稀に秘書が出てくるケースもありますが、最優先されるのは〝血筋〟です。

何のため、誰のための世襲でしょう？　それは、各地の豪族たちは、自分たちの利益をこれまでと同じように代弁してくれる人に引き継いでもらわないと困るからです。それは誰かといったら、そのコミュニティの中にいる自民党の代議士の血縁者――だいたいは息子ですが、娘か、あるいは娘婿《むすめむこ》（義理の息子）しかいません。

亡くなった政治家の奥さんが出てくるケースもあります。「政治家の理念」「理想」など、そうしたものは何もいらないということです。だから、何か不祥事を起こしても、世襲議員は復活してきます。小渕優子さんなんかはその典型でしょう。

もし外から新しい人を呼んできたら、豪族たちがつくってきた既得権益の体系・秩序が壊れる危険性があります。だから新しい人ではダメ、その家の血縁者ではないとダメ。操り人形じゃないと豪族にとっては都合が悪いのです。

これが、自民党の世襲の構造です。こうした仕組みになっているので、僕がそこに入っても役割を果たせるわけがありません。

この春、自民党の北川知克《ともかつ》議員の死去にともなって行われた大阪12区の補選でも、北川氏の甥っ子が出てきました。この時は維新の候補が返り討ちにしましたけどね。

そりゃそうです。「弔い合戦」「遺志を継ぐ」なんて言い出した時点で、「政策は何もありません」「既得権益は守りますよ」と言っているのと同じですから。

政治というのは、永田町でいろいろなことを決めることができるのですから「権力」そのものです。そんな権力を持った国会議員たちも地元に帰ると、自分を議員にしてくれた豪族たちがいます。

自民党はいろいろな法律をつくったり、予算を編成したり、税制を見直すことで、地元の豪族たちにさまざまな利益を配分していきます。反対に豪族たちは、選挙はもちろん、企業団体献金などでその政治家を支えるという仕組みが確立されています。この既得権益を維持・拡大するための仕組みこそ、自民党がつくってきたシステムなのです。

その具体的な仕組みには「税」も関係あります。普通、税といえば「消費税」とか「所得税」「法人税」のことを思い浮かべます。そうした骨太な制度こそ国家経営として本当は一番大事な話ですが、豪族に選ばれてきた議員にはどうでもいいこと。

本来、租税というのは簡素で公平でなければならないはずです。ところが、それでは地元の豪族は喜びません。簡素で公平というのは、既得権益を持っている地元の豪族たちにとっては公平過ぎておいしくないのです。みんな一緒、平等では困ります。

そこで戦後の自民党政治がつくってきた制度が「租税特別措置」。租税に関しての特別措置、つまり例外規定というのが、それこそ山のようにあります。「本当は一律10%の税金ですが、○○という条件を満たしたら5%になりますよ」というようなことが。

それから、税だけではなく補助金の制度もそうです。例えば中小企業政策の補助金にしても、調べる気を失わせるくらい多くのメニューがあります。しかも、言葉もわかりづらく、手続きも煩雑《はんざつ》。つまり、政治家と直接つながっている既得権に連なる者じゃないと理解できないぐらい複雑になっているわけです。

それが自民党の予算の仕組み、税の仕組みということで回っています。つまり、そういう予算制度や税制措置をうまく使えるのは、自民党のインナーの人だけなのです。

ただ、僕は官僚として霞が関に20年いたので、その仕組みを知っています。そのため僕も、既得権者ではない、ごく普通の一般の地元の人に、こんな「使える制度がありますよ」と情報提供することもありますが、本当は、簡素で公平、手をさしのべるべきところを徹底的に支援できる制度にしなければなりません。

小選挙区制下の万年与党は最悪の民主主義

令和の世になっても世襲の候補はいなくならないでしょう。なぜなら、全国津々浦々の豪族たちが自分たちの力を守るために、地元で後援会組織という既得権益の強固なピラミッドを必死でつくっているからです。

そして、豪族が自分の会社の従業員や団体のメンバー、宗教団体など、この世のありとあらゆる組織、団体、コミュニティに既得権ネットワークを張り巡らして、世襲候補を当選させていきます。それが彼らの死活問題に関わってくるからです。

そもそも、地域で既得権を持っているということはものすごい力があるということ。だから、そうした既得権者がこぞって自民党を応援するのですから、選挙でも強いに決まっています。

そういう意味では、既存政党というのは実はすべて既得権そのものなのです。**自民党は全国の豪族がつくった政党。公明党は創価学会がつくった政党。そして民主系は全部労働組合がつくった政党です。**共産党は外国勢力がつくった政党、って言うと、また怒られるかな。

労働組合というのは、労働者の味方のように思われるかもしれませんが、違います。「労働貴族」と言われるように、労働者の既得権を貪《むさぼ》る人たちのことです。その業界の正社員の既得権を貪る人たちですから、正社員を守ることしか考えていない。労働組合というのは自分たちの権益を守る組織です。

つまり、既存の政党は4つとも声の大きな組織・団体（ノイジー・マイノリティ）のために働く政党ばっかりなのです。

それらの既存政党が本当の意味で切磋琢磨していけば、それはそれで時代に即した政治を行うことができるのかもしれませんが、自公と民共の両陣営は、万年与党と万年野党として、安住する道を選んでしまいました。

かつての田中角栄を象徴とするような自民党のビジネスモデルというのは、実は高度成長期が変調してきた1980年代半ばには終わっていたと僕は思っています。ちょうど僕が大学に入った頃ですね。

本来、そこで政権交代をしなければいけなかったのですが、自民党の〝死に体〟ぶりをかき消したのがバブル景気でした。つまり、自民党というのはとっくに終焉したビジネスモデルだったのに、バブルのために延命したことで、新しい政治をつくるのが遅れたのです。

そして1993年、バブルが崩れる局面でようやく55年体制が終わったのですが、破壊は一瞬、建設は死闘。今も、その死闘が続いています。

最初に、新しい政治をつくろうとして動いたのが細川護熙《もりひろ》さんたちを中心とした日本新党であり、その後の新進党、民主党でした。

日本新党の細川さんや、新進党、あるいは民主党は、曲がりなりにも万年野党ではありませんでした。自民党のビジネスモデルが終焉する中で、少なくとも自民党に代わる政治モデルをつくろうと必死になって戦った人たちであると僕は思っています。

それでも四半世紀の間、野党が強くなれなかったのは、「反自民」といって自民党を利用しなければ自己定義もできない、不甲斐ない集団だったからです。相手は、もう自分一人では立ち上がれない、公明党の助けがないと生きていけない状況なのに、敢えて攻め込もうとはせず、自公と民共の両陣営は、安住する道を選んでしまいました。

そのため、政治家の入れ替えも政権交代も進まず、結局また、万年与党と万年野党が馴れ合う55年体制に戻るわけです。いわゆる55年体制の下では公明党は野党でしたから、その点ではまったく同じではありませんが、立憲民主党を社会党に、国民民主党を社民党に見立てれば、**2017年の民進党分裂と立憲民主党の誕生から始まった「新55年体制」が「55年体制」と瓜ふたつである**ことをご理解いただけるものと存じます。

その中で、サイレント・マジョリティ（物言わぬ多数派）――ごく普通の国民、普通のお兄ちゃんお姉ちゃん、普通のおっちゃんおばちゃんに光を当てて、「声高《こわだか》に主張することはないけど懸命に生きている普通の人たちのために、政治は何ができるのか」ということを一生懸命考えているのが僕たち日本維新の会なのです。

バックに組織・団体を持たない、初めての政治グループが維新です。だからこそ、誰に忖度《そんたく》することもなく、思い切った政策を断行していくことができるのです。

自民はタンカー、野党はイカダ、維新は最新鋭ボート

自民党の政治システムに代わる新しい政治行政のシステム、そのビジョンを明確に示しているのは日本維新の会だけです。

僕は、松井一郎代表、吉村洋文代表代行と一緒に日本維新の会という船に乗っています。そして、僕らの船だけが新しい政治行政システムの実現を目指して航海しています。

今、日本政治という大海に浮かんでいる船は3つあります。

1つめは、「自公」という、巨大だけど旧型のタンカー。2つめは、「腐ったオリーブの流木」でつくったイカダ（筏）。そして、3つめは小さいけど高性能エンジンを積ん

だ「維新」というボートです。

僕たちは、令和の時代にこの維新という船を大きく育てていきたいと思って踏ん張っています。

ただし、政治というのは、いくら理想の旗を掲げても、それだけでは通用しません。まず大阪で地域政党・大阪維新の会が実行力を発揮して、「大阪都構想」を実現すること、そして、新しい行政システムを具体化していければと思っています。

維新という船はまだ小さいから、「もうひっくり返るかも……沈むかも……」と思われても不死鳥的に蘇って、今もちゃんと走っています。そうした新しい時代の波に対応したエンジンを積んでいるボートが維新なのです。

僕は国会議員ですから、維新という船は、大阪だけではなく、もっとたくさんの人が乗れる船に育てていきたいし、自民党に対抗できる船にしていきたいと考えています。エンジンは立派なのですから、それが可能なはずです。

これまでの日本において自公政権が果たしてきた役割を否定するつもりはありません。しかし、人口減少、少子高齢化という新しい国内状況、北朝鮮の拉致・核・ミサイル問題に米中貿易戦争といった厳しい安全保障環境の中で、ひとり政治だけがぬるま湯の中で特権を貪っていることを放置することはできません。

僕たちが、獅子となって、自民党が放ったらかしにしてきた難問に挑戦したい、自民党に本質的チャレンジを挑んでまいりたい、国民の皆様に安心して乗っていただける大きな船をつくってまいりたいと存じます。

第二章　万年野党議員ほど気楽な商売はない

第1節　共産党と根腐れした「オリーブの木」

第一章では、自民党がいかに頼りないか、憲法改正の国民投票に向けて前に進む覚悟があるのかわからない、「ポスト安倍」と言われている石破さんや小泉さんも、よく見たら、とてもじゃないが日本の舵取《かじと》りを任せられそうにない、そんな話をしてきました。

では他方の野党はどうでしょうか。自民党はだらしないけれど、野党の議員たちは輪をかけて厳しい。残念ながら、そんな話をせざるを得ません。特に、一昨年10月の総選挙に前後して民進党が瓦解《がかい》し、立憲民主党が結成されてからの野党は、政権への意欲を完全に失い、加えて選挙のために共産党と連携するという最悪の道をたどっています。

では、なぜ、かつての55年体制を彷彿とさせるようなひどい状況が生まれているのでしょうか。ひとことでいえば、政界がぬるま湯だからです。そして、そのぬるま湯をつくっている責任は、一義的には与党にありますが、その与党の作戦に甘えて惰眠《だみん》を貪っている野党は最悪なのです。

実はアホばか野党議員たちを自民党が守っている？

憲法改正との関係で私が注目してきた国会議員がいます。あの山尾志桜里《しおり》議員です。山尾氏が惜しいところまで来ていたのです。惜しいというのは、山尾氏の「立憲主義的改憲論」という、僕はまったく与しませんが、興味深い暴論が自民党の憲法9条改憲論議に一石を投じることを、僕はたいへんに期待をしていたからです。詳細は前著『足立無双の逆襲』（悟空出版）に書きました。

ただ、その山尾志桜里さん、今年5月22日の産経新聞の「単刀直言」で「野党は改憲論議から逃げるな」と偉そうなことを言っていますけど、新聞なんかで言っていないで、それは党内で言えよって思います。ところが山尾さん、枝野代表から持論を封印するように言われて、ふてくされてかゴールデン・ウィークに無断でカリフォルニアに行っているのが見つかっちゃいました（笑）。

それだったらウチにいた丸山穂高さんだって糾弾《きゅうだん》決議なのですから、山尾さんにだって懲罰を出さないといけないはずですが、万年野党は万年与党に守られています。

なぜ国会会期中に無断でカリフォルニアに行った山尾氏や、ホテルに女性の連れ込み未遂をした初鹿明博《はつしかあきひろ》氏を国会は放っておくのでしょうか。

まさに、拙書『永田町アホばか列伝』に出てくるアホばかたちが国会にはいっぱいいます。なぜ、そのアホばかたちが国会でのうのうと「おい、〇〇大臣！」などと偉そうに質問できているのかといえば、自民党がそれを許しているからです。

むしろ、それが自民党にとってもおいしいわけです。どうしようもないアホばかたちに、「いいよ、いいよ、質問させとけ」と思いながらの放置プレー。アホばかたちが胸を張って消費税がどうだ、戦争法がどうだ、と言っている世界が、自民党にとっても一番楽なのです。

つまり、**アホばか野党と愉快な仲間たちをのさばらせているのは、実は自民党だということをぜひ知ってほしいのです**。僕はそれがわかったので、もうアホばかたちへの攻撃はやめました。

結局、自民党が彼ら彼女らを守っているわけです。「なんで僕ばっかりこんなしんどい思いせなあかんの？」と自問自答して、もう立憲攻撃はやめました。自民党も一緒になってアホばかをたたきつぶすというのだったら手伝ってあげますけど、自民党は逆に私を批判します。辻元清美と一緒につくってきたシナリオが狂うだろ！　と。

そういう意味では、僕は本当に自民党に対して怒っています。僕は石破さんの尻尾を踏んだから自民党につぶされましたが、本当に自民党というのはダメ。本気で歯向かってくる者はたたきつぶし、歯向うふりをして戦わない者は大事にします。万年与党体質が抜けていないから、どうしても万年野党が必要となるのです。

まさに55年体制を復活させた「新55年体制」。政権を取る気のない万年野党といつまで猿芝居を続けていくつもりなのでしょうか。

実は自民党国対の軍門に下っている辻元議員

一昨年の総選挙を経て民進党が瓦解して、でき上がった立憲民主党というのは枝野幸男さんの個人商店に過ぎず、政権を取りにいこうという意志は感じられません。

枝野さんは口先だけで、「まっとうな政治」とか「左でも右でもない」とか「前に進む」とか、あるいは「僕は保守系だ」とか言っています。ああ、「自分こそが次期首相候補」とも言っていましたね。でも、あの人の本性は、自分の個人商店である立憲民主党を維持することだけで、政権を取る志なんて微塵《みじん》もありません。

立憲民主党が社会党化し、それを見透かされて支持率が伸び悩んでいるというのが今の野党の状況です。

その何よりの証拠は、今の国対委員長を辻元清美議員が務めていることでしょう。

55年体制というのは、万年与党の国対と万年野党の国対がケンカしているふりをしながら、実は裏では手を握っていることで成り立っていました。2年前の総選挙から年々強まっている新55年体制の政治は、自民党の森山裕国対委員長と辻元委員長が裏で手を握っているだけの政治に舞い戻っているのです。

そのため、辻元さんは表では何か適当なこと言ってテレビのカメラに映っていますが、**完全に森山国対委員長の軍門に下ったばかりか、森山国対委員長の部下となっています。**そのことは永田町の中では周知の事実です。

それが証拠に、この1月からの通常国会を見てください。予算は早々に成立し、本節の原稿を書いている6月中旬、会期延長どころか、会期を短縮してもいいくらい、通さなければいけない法案は全部通って終わっています。衆議院なんて、国民の皆さんには申し訳ないですけど、もう暇で暇で。だってただの猿芝居ですから。会期末には恒例の内閣不信任決議案が出されましたが、あれはお芝居の小道具に過ぎません。

辻元さんは、国会対策の能力がないので自民党に全部シナリオを書いてもらって、暴れ方も反対の仕方も全部、自民党国対が描いたシナリオに乗っているだけです。

僕はこれまで『報道特注』というYouTubeで配信されている番組で、とにかく辻元さんをつぶそうと思って、「抱きついて一緒に沈む」とか言い続けてきました。今思えばアホでした（笑）。

去年は僕が謹慎をくらっている間、「抱きついて一緒に沈むって豪語してたけど、足立さん、一人で沈んでるやん」とか「辻元さんはテレビ出てるけど、足立さんはマイクも持てない」と、ネットでもいろいろ揶揄されました。

でも、それは違うんです。僕はもう次の新しい戦いに向かって、まさに今、走り出しています。立憲民主党とか辻元さんのこととか、かまっている暇はないのです。

皆さんは、辻元さんがテレビに出て「安倍さんのやり方は許せない」とか「麻生さんは辞めてもらうしかない」と威勢よく言っている姿しか知らないでしょうが、**むしろ逆に、「生コン事件」以来、辻元さんは完全に沈んでいるのです。**

2018年8月の連帯ユニオン関西生コン支部の武建一《たけけんいち》執行委員長の逮捕を筆頭に、関西生コン支部の幹部が恐喝未遂容疑や威力業務妨害罪、強要罪などで数えきれないほどの逮捕者を出しました。

連帯ユニオン関西生コン支部の関係団体から政治献金をもらったり、選挙応援をしてもらっていたのが立憲民主党の辻元清美国対委員長なのです。武容疑者のことを〝大阪のお父ちゃん〟とも呼んでいましたね。

照準を辻元議員から日本共産党にシフトした理由

僕はこの生コン事件を国会で表に出すことで、辻元さんを牽制《けんせい》してきました。更に、辻元さんが皇室を否定したかつての発言を憲法審査会で取り上げて、謝罪もさせました。そのため、僕は、「あの辻元清美を謝らせた男」として名を馳せているわけですが、そんなことはどうでもいいのです。

更に森友学園に関連して、隣接する野田中央公園の不正な用地取得問題に関しても、当時、国交副大臣の辻元さんによる口利きの疑惑があることを国会で追及しました。これが意趣返しであることは各所で述べてきたとおりです。

そのおかげで、辻元さんは本当に弱ってきています。それはそうです、政治献金を受け、長きにわたり運動員を派遣してもらってきた関西生コンが瓦解したわけですから、弱って当然です。

その頃、僕が辻元さんとすれ違う時なんか、「もういい加減にしてよ。法的措置に訴えるわよ」と脅されてきました。

でも、僕は絶対にそれは無理だと思ってきました。そんなことをしたら、司法当局に全部事実認定してもらわないといけないので、困るのは辻元さんのほうです。だから絶対に訴えてこられないという思いで僕はやってきたわけです。

でも、「法的措置に訴える」と脅されながらも、ここに来て、ようやく辻元さんにまつわるさまざまな問題を組上《そじょう》に載せることによって、辻元さんを弱体化させ、そして自民党国対の軍門に完全に下らせたと思っています。

辻元さんはもう完全に沈みました、終わりです。一緒に抱き合って海に飛び込まなくてよかったわ（笑）。

よく、「なんでとどめを刺さないんだ？」と言われることがあります。でも、それをなかなか難しくしているのは、実は自民党が彼女を守っているからなのです。**自民党からすれば、今や辻元清美ほど便利で御《ぎょ》しやすい国対委員長はいません**。だって、何でも言うことを聞くんですから。ここはよく覚えておいてください。

僕が6回目の懲罰動議で処分を食らうまでのターゲットは辻元清美議員、立憲民主党でした。それ以前は民主党、民進党だったわけです。後述しますが、処分を食らったのは自民党に手を出したからです。

では、復活してからの僕は何をターゲットにしているかというと、それは日本共産党です。共産党を狙い撃ちにしているのは、辻元さんはもう終わったからです。万年野党に成り下がった立憲民主党は、もう僕の敵ではありません。もう立憲民主党はどうのこうの言う価値もありません。立憲も国民もね。

そういう中で、なぜ共産党にターゲットを絞ったのか？

理由は2つあります。ひとつは、共産党を攻撃している限り懲罰動議は出ないということ（笑）。懲罰動議を出すには40人の賛成が必要なのですが、共産党だけでは人数が足りません。立憲を怒らせたら直ぐに懲罰動議が出るというのは、こういう数字による理由なんですね。

だから、馬場伸幸《のぶゆき》幹事長からも「共産党やったらなんぼやってもいい」と言われています。共産党相手であれば、国会が止まることもありません。立憲を攻撃すると国会が止まるから自民党も怒ります。

でも、共産党に何をしても懲罰動議が出ることはないのです。

共産党と連携しながら『まっとうな政治』だって？

先の通常国会では、「あの面々事件」というのがありました。

この3月、本会議場で立憲民主党のほうを指さしながら、「国会で嘘をついてるのは、共産党と連携しながら『まっとうな政治』と嘯《うそぶ》くあの面々」と僕は言ったわけです。

もともとの原稿では、「立憲民主党の枝野代表」と書いてありました（笑）。「共産党と連携しながら『まっとうな政治』と嘯《うそぶ》く立憲民主党の枝野代表」と。

でも、馬場幹事長からは「ちょっとここだけは直してほしい」と言われました。昔の僕だったら「嫌です」と言って勝手にやったのですが、そこは僕も賢くなりました（笑）。「そうですね」と答えて、固有名詞は外して「あの面々」と言ったわけです。

当然、名指しされていないので、立憲はひとことも反論することができません。「それ、俺たちのことだろ！」なんて言えないですよね。

そこで怒り狂ったのが共産党です。共産党が「そんなひどいこと言うな！」と怒りました。「共産党と連携しながら『まっとうな政治』と嘯いてはいけない」ということは、「共産党と連携するのはまっとうじゃない。つまり、共産党はまっとうじゃない」と言っているわけですから。

この共産党の怒りは、計算どおりでした。共産党が、「そんな誹謗中傷をするのであれば具体的な理由を言え！」と怒っているものだから、本会議場での次の登壇機会を使って発言の理由を改めて説明してさしあげました。

「私は破防法の監視対象と連携する政党が『まっとうな政治』を標榜するのはおかしい

と考えているし、そう考えている国民は少なくない！」

と言ったわけです。だって事実でしょ？　**日本共産党は破壊活動防止法の調査対象団体なんですから**。そこでもう完全に共産党はぐうの音《ね》も出なくなりました。

いやいや、そんなエゲツないことを、僕は表の場で言いたくはなかったんですよ。でも、共産党がどうしても説明しろというから、本会場で言ってあげたわけです。

それ以来、完全に共産党を手玉に取って、共産党が最も言われたくないことを国会で言い続けています。

その時に驚いたのは、総務委員会で共産党の女性委員が泣いていたこと。「そんな……破壊活動防止法の調査対象なんてあり得ない！　暴力主義的破壊活動なんて……そんなんだったら私は共産党に入らなかったわよ」みたいな感じでした。

もしかしたら、共産党の目指す「暴力革命」を知らないで、若い人たちが入党しているのかもしれません。日本政府は、日本共産党を「現在においても破壊活動防止法（破防法）に基づく調査対象団体である」としていますし、共産党が「暴力革命」の方針を捨てていないとの認識には変わりありません。

僕は、質問に立つたびに公安調査庁を呼んで、「共産党は破防法の調査対象団体ですか?」と質問すると、**当然、公安調査庁の人は「調査対象団体です」と無慈悲に答弁してくれます。**もう何度も同じ答弁をしてもらってますよ。

若い人は共産党の恐ろしさを知らないのでしょうね。共産党員の皆さん、歴史を勉強しましょう。

「オリーブの木」の根っこは根腐れした共産党

標的を日本共産党したことで、去年の2月以降、僕には懲罰動議が出ていません。戦略的、戦術的にも共産党相手ならコストがかからないですね。

僕が共産党にターゲットを絞った理由のふたつめ。**それは、小沢一郎を警戒してのこと……小沢一郎がいよいよ国民民主党に手を伸ばしてきたからです。**

小沢一郎の持論というのは、イタリアの「オリーブの木」のような構想、つまり野党を中心とした政党連合構想です。野党勢力が結集して、小選挙区で候補者を一本化するとともに比例代表で統一名簿を作成しようという考えです。小沢一郎という人物は一貫していて、「自民党も公明党の力を借りてるんだから、俺たちも共産党の力を借りるべきだ。もう一回政権交代をするためには、共産党を嫌ってたらダメ。すべての野党が連携して、ひとつの大きな木とならないといけない」との主張を続けています。

それに対して、僕は「小沢一郎のオリーブの木の根っこは共産党だ」と喝破《かっぱ》しているわけです。「いくら葉を茂らせようとしても、そこに隠れているのは共産党だ！」と。

そのオリーブの木が大きくなったとしたら、絶対に安全保障、外交、皇室などで共産党の声に押されて、日本は今以上にひどい状況に陥ってしまうのは目に見えています。まぁ、そもそも、保守勢力が改憲を訴えて、革新勢力が護憲を訴えるというアンビバレントな状況が日本独特なのですが。

それはともかく、実際に共産党が参議院の一人区に出馬を取りやめるなど、野党共闘が始まりました。この7月の選挙では、参議院の32ある一人区は野党統一候補で戦いました。結果はご存知のとおりですけど、でもその統一候補の根っこは全部、共産党だというのが僕の指摘なのです。

つまり、僕が共産党を標的にしたのは、懲罰動議が出されないためという裏の理由もありますが、**小沢一郎の「オリーブの木構想」の根っこが共産党だからです。**

もちろん、日本版オリーブの木の幹は野党第一党の立憲民主党なのでしょうけど、そこが弱いので、そもそも育たないという指摘もあります……枝野ゆえに枝ぐらいにしかならないとか。

オリーブの木を茂らせるためには根っこが重要なのですが、地中に埋まっているのは共産党。このオリーブの木は共産党という根っこなくしては育ち得ないのです。

僕の目標は、アホばか野党を退けて、自民と維新の二大政党をつくること。まっとうな自民党的な政党と維新の会的な政党の二大政党をこの日本の国政に打ち立てるための共産党攻撃であり、オリーブの木を早く根腐れさせるために、地下に隠れているけど一番大事な根っこの攻撃を今、行っているのです。

第2節 こんなに気楽な万年野党の議員たち

前節では、立憲民主党が結成されてからの野党が政権への意欲を失い共産党と連携するという最悪の道をたどっている、そんな様子を紹介しました。

僕が批判しているのは、国民のために働こうとしないぬるま湯のような国会の現状であり、そうしたぬるま湯を共同してつくってきた万年与党と万年野党です。

その中でも、野党の議員は本当にヤバいです。個々の議員の資質という意味では優れた人物もいたのでしょうが、それでも今の新55年体制というぬるま湯につかる中で、みんなスポイルされてしまい、まともな議員はみな自民党に移籍をしてしまいました。

そして、残った万年野党の議員たちは、週刊誌からネタをあさって政府与党の批判ばかりしていればいいと勘違いしてしまっているのです。

ああ恥ずかしい……山井議員の「ボリス・ジョンソン事件」

英国ではこの夏、テリーザ・メイ首相の後継争いが本格化し、本書の校了直前には、ボリス・ジョンソン首相が誕生しました。

そんな中で思い出すのが、山井和則《かずのり》衆議院議員の、いわゆる「ボリス・ジョンソン事件」です。僕の処女作『永田町アホばか列伝』に詳述したので繰り返しませんが、要するに、安倍政権を攻撃する材料が欲しくて、英『タイムズ』紙に掲載された葛飾北斎の名作『神奈川沖浪裏』のパロディ、風刺画を取り上げたのですが、そこで批判されていたのは、山井さんらが指摘した安倍総理ではなく、当時のロンドン市長ボリス・ジョンソン氏だったという、誠に恥ずかしい事件です。

その会見の場には政府の担当者も同席しており、武士の情けで人前で恥をかかさずあとでこっそり教えようと思っていたようですが、むしろ山井議員から説明をするよう強く求められ、仕方なく「(その風刺画は)安倍さんじゃありません」と教えてさしあげた、というオチまでついていたのです。

ＹｏｕＴｕｂｅで「山井　風刺画」で検索すれば、今でもその動画を見ることができますが、とにかく一事が万事。野党の仕事って、そんなのばかりです。

それ以来、僕は山井さんと国会の廊下ですれ違ったり、本会議場で彼が登壇して、安倍政権に文句をつけて下りてくる時に、「ボリス・ジョンソン！」とヤジるのが習慣になってしまいました。ジョンソンが英国首相になったので、この持ちネタに改めて光が当たるかもしれませんね（笑）。

モリカケ問題の本質は「岩盤規制」側からの逆襲

野党の追及がお門違いなのは、あのモリカケ騒動でも同じです。２０１８年はモリカケ問題であれだけ世間を騒がせて、野党はいまだに森友学園のことを持ち出しては騒いでいますが、それでも問題の核心には到達しないどころか、まったく明後日《あさって》の方向ばかり追及を続けています。

モリカケ問題の本質というのは、読者の皆様には改めて申し上げるまでもなく、「ドリル」と「岩盤規制」との戦いです。

まず加計学園の問題というのは、獣医学部の新設を認めないという岩盤規制にドリルで穴を開けたことが気に食わない、岩盤側からの逆襲でした。

僕の加計学園の理解は、石破茂、福山哲郎、玉木雄一郎さんたちが、「岩盤側」から100万円ずつお金をもらって、「ドリル」で岩盤に穴をこじ開けた安倍総理を非難しているという構図。お金をもらって規制を守ろうとしている側が、安倍総理を取り囲んで、「ご飯を一緒に食べたり、ゴルフを一緒にしたり、加計理事長と友達なのはけしからん！」となじっているというものです。

ご存知のとおり、安倍総理は加計孝太郎理事長と友達であることは隠していません。本当は「知り合いだから頼んだ」と言えればいいのでしょうけど、それは安倍さんの立場としては言えないのが苦しいところですが、大騒ぎするような問題ではありません。

お金をもらった人が、知り合いと一緒にゴルフをした人をなじっている——それが加計学園の本質です。

森友学園も一緒。森友学園も、確かに名誉校長は安倍昭恵夫人でした。でも、学園の隣の野田中央公園で不適切な不動産鑑定評価が行われた時の国交副大臣は辻元さんです。

「もし、『昭恵夫人に疑惑がある』と騒ぐのであれば、足立は『辻元清美に疑惑がある』って騒ぐで」とずっと言い続けていました。

案の定、辻元さんは昭恵夫人の疑惑を騒ぎ立て、自分の疑惑はデマだと言います。いやいや、確かに証拠はないんです。野田中央公園の不正土地取引に辻元さんが関与した証拠はありません。ただ、それを言うのだったら、昭恵夫人の疑惑だって証拠はないんです。

つまり、僕は安倍さんや昭恵夫人が好きだから守っているわけでも何でもなく、辻元さんへのリタリエーション、要はその対抗、報復として取り上げているだけで、森友学園が問題になるのだったら、野田中央公園も問題になるだろうということを主張してきたわけです。

「森友学園は地中のゴミの量の評価が杜撰《ずさん》でしたけど、野田中央公園はゴミの存在自体を無視しました。サバを読んだのと無視するの、どっちが悪いですか？　無視するほうが悪いに決まってるでしょ」と、僕は言い続けてきたに過ぎません。

そういう意味で僕は、最近の国会で時間を使ってきたモリカケ騒動というのは、しょせんその程度の問題であるということに確信を持っています。

僕の見立てでは、時折、政府の関係者に紹介しますが、全員が「足立さんの言うとおりだ」と言ってくれます。

しかし、それでも、ではなぜ近畿財務局の職員が自死を選ばざるを得なかったのかという謎が残ります。

自民党国対からのプレッシャーが職員を死に追いやった?

なぜ、近財の職員が自殺をしなければならなかったのか——。

それは、安倍総理のせいではありません。昭恵夫人のせいでもありません。官邸のせいでもありません。自民党国対(国会対策委員会)のせいだと推測できます。

後述するように、自民党国対の森山裕委員長と野党第一党の立憲民主党国対の辻元清美委員長による、万年与党と万年野党の猿芝居が繰り広げられています。**この猿芝居においての一番大事なキーワードは「波高し」と「波静か」です。**

僕らが日々国会で活動していて常に出てくる言葉が「波」。野党側は「波静かであれば採決に応じます」とか「ちょっと波が高いんで今週はやめておきましょう」というように使います。

僕が自民党から怒られる時に必ず言われるのは「波風を立てるな」の言葉。なぜなら、国対政治においては一定の会期の間にスケジュールどおり法案を仕上げていくことが重要視されているからです。

そういう点でいうと、今年の国会はメチャクチャ早いです。それは「波静か」だから、船がすいすい走っていきます。もし暴風が吹き荒れると止まるわけですよ、国会が。

この6月14日の毎日新聞「予算委、会期末まで開かれない見通し　与党逃げ切りに懸命」という記事の中で、予算成立後に首相が質疑に応じる予算委員会が一度も開かれなければ6年ぶりとなるとした上で、「政府・与党は夏の参院選を意識して『波静かな状態』（国対幹部）で会期末を迎えようと、提出法案数を絞り込んでいた」と書かれています。

まさに自民党国対の仕事、森山委員長の仕事というのは、「波静か」にすること。そのため、シナリオにない足立の発言が出てくると逆鱗に触れるわけです。

そうしたことを根拠に考えていくと、近財の職員が自殺したのは、自民党国対のプレッシャーからだったという理由が浮かんできます。

霞が関――すべての官庁、官僚たちは誰の顔色をうかがっているかというと、それは自民党国対。自民党国対から怒られるようなことをしたら局長のクビが飛ぶことも珍しくありません。そのため、当時の佐川宣寿《さがわのぶひさ》理財局長にとっては、この森友問題でとにかく新しい材料を野党に渡してはいけないし、それで国会審議が止まるようなことがあってはならないということが至上命題だったのです。

これは、別に去年、一昨年に始まったことではなく、ずっとそうでした。常に自民党国対、与党国対から霞が関には「波風を立てるな」というすごく強いプレッシャーがかかっています。最近、厚生労働省や財務省、防衛省など、いろいろな官庁で書類の紛失や、改竄《かいざん》、隠蔽《いんぺい》などが頻発しています。あれはすべて自民党国対が言外に「捨てろ」と言っているからなのです。もちろん、直接の指示も文書での指導もありません。言葉では「捨てろ」とは言いませんが、「書類を残して波風を立てるようなことはするな」というのが自民党の政治文化です。

あとから考えれば、森友学園への国有地売却の決裁文書が改竄されずに出てきても何の問題もありませんでした。確かに昭恵夫人の名前や他の政治家の名前などいっぱい出てきます。でも、まずいことは書いてありませんから、表に出してもよかったのですが、少なくとも国会という火事場に燃料を注ぎ込むことにはなります。それでは「波風が立つ」わけです。

それが嫌で、捨てなくてもいい、改竄しなくてもいい決裁文書に必死に手を加えたというのが真相です。それぐらい、自民党国対からプレッシャーがメチャクチャ大きかったということだし、「波風を立てるな」という自民党の政治文化が官庁にも浸透していたということになります。つまり、亡くなった近財の職員は、自民党の政治文化の犠牲者だといってもいいでしょう。

こうした自民党の政治文化は、見えないところで増殖して身体を蝕《むしば》むガンのようなもの。これを取り除いていかないと日本の未来はない――そう考えて、自民党に真正面からチャレンジする野党第一党を目指して、今僕は突き進んでいるのです。

万年野党の代表ほど気持ちのいい仕事はない

立憲民主党が独自路線を敷こうとしたのは自分の城だけが大事だから。いくら小沢一郎が呼び掛けても、いくら玉木雄一郎が呼び掛けても、立憲民主はなかなか調整しませんでした。一瞬、解散風が吹きましたけど、それに対しても野党全体で候補者も立てられない状況が続いたのは、枝野さんが万年野党で満足しているからです。

自民党政治に本当に満足してなくて、本気で政権を取りにいくのだったら、独自路線を走っている場合ではありません。

我々維新のように対案を出すこともせず、しょうもないことにケチを付けるだけで、まさに昔の社会党そのものです。

例えば、「憲法改正が大事だ」と言っている山尾さんを干して、辻元さんを重用《ちょうよう》するのは、憲法でも独自案を出すつもりがないから。独自案を出すのだったら山尾さんを使わないといけませんが、万年与党・自民党の国対の軍門に下っている辻元さんを重用しているのは、このままでいいと思っているからです。

結局、立憲民主党が「何でも反対党」に成り下がっているというのは、枝野さんが万年野党で満足する人間だからだし、自分が左翼暴力集団の「革マル派」から献金を受けていたことも含めて、自分が再び政権を取れるとは思っていないからです。

実は、野党第一党の代表というのは、ムチャクチャ気持ちのいいものなのです。どこに行ってもマスコミが付いてくるし、動向が新聞に出るわけです。マスコミにはどんどん出るわりに仕事はしなくてもいいので、万年野党の代表ほど気持ちのいい仕事はありません。ただただ文句を言っていればいいのですから、楽ですよ。

逆に、権力を掌握したら大変です。しんどい仕事です。もしかしたら、民主党政権時代に枝野さんは懲りたのかもしれません。もう二度と政権交代なんかしたくないというのが枝野さんの本音なのでしょうね。文句を言っているほうが楽で気持ちいい。お金もいっぱいもらってね。

トランプ大統領の大相撲観戦にケチを付けるとか、そういうのが仕事になっているという情けない状況です。

もう茶番劇はいらない！　チャレンジする野党こそ必要だ

「沈んだはずの辻元清美が表で偉そうな顔をしていられるのは、自民党が守ってるからだ！」

実は、この一連の僕の戦いの中で、最近は万年野党に対する怒りよりも、自民党に対する怒りのほうが今は大きくなっています。

『永田町アホばか列伝』は２０１７年10月に発売された本ですが、この本で「アホばか」として名前を挙げた議員たちのほとんどがいまだに生き残っているのが、僕には信じられません。

具体的に名前を挙げたのは、小池百合子、若狭勝《わかさまさる》、音喜多駿《しゅん》、野田数《かずき》、渡辺喜美《よしみ》、前原誠司、山尾志桜里、村田蓮舫、初鹿明博、山井和則、小西洋之、玉木雄一郎、江田憲司、辻元清美、小沢一郎、福島瑞穂《みずほ》、上西小百合、橋下徹《はしもととおる》、足立康史、安倍晋三、稲田朋美、中谷元、小泉進次郎、高市早苗、石破茂、岸田文雄、原田憲治、豊田真由子（以上、敬称略）、それに、個人ではありませんが、党として日本共産党。

この中で政治的に終わったのは、若狭勝さん、豊田真由子さん、それから上西小百合さんぐらいかな。自分の名前を挙げているところが謙虚ですね（笑）。

さて、ところが、民進党系の議員や自民党の議員は、多少の浮き沈みはあったとしても、みんな健在です。

考えてみると、政治的な力を失った若狭さんや上西さんというのは第三極の人たちです。ということは、万年与党、万年野党のアホばかたちの中で消えたのは、秘書への暴言で世を賑わせた豊田真由子さんだけ。選挙を経てもアホばかたちがみんな生き残っているのが実情なのです。

結局のところ、万年与党と万年野党が、いかにも争っているように国民には見せかけておきながら、お互いを支えているという構造が透けて見えてきます。

これこそ「猿芝居」「茶番劇」！　見る人が見たらわかる、足立が見ればわかる、そんなつまらないお芝居の繰り返しをしているだけなのです。

だからこそ、これからの国会に必要となるのは、自民党に本質的なチャレンジをする野党第一党。本当の意味での政権交代を目指す、本物のチャレンジャーが必要なのです。

第3節　今、必要な政策構想力と実行力

自民党に対抗できる強い野党をつくるため、僕は国民民主党の玉木雄一郎代表にちょっと期待していました。

玉木さんのいいところは、与党にもならないけれど、無責任野党と一線を画したいと本音では思っているところです。

本当は、国民民主党や衆院会派社会保障を立て直す国民会議には、自民党には与しないけれど無責任野党とも一線を画するというまっとうな議員がたくさんいます。

しかし、今の国会では、本当の意味での政策論議が行われていないため、彼らの活躍の舞台がほとんどないのです。

それでも、少しずつですが、しっかりした論戦の基礎となる政策づくりが始まっていますので、手前味噌ながら私が関わったものを紹介してまいりたいと存じます。

期待していた国民民主党・玉木さんとの連携

自民党に対抗できる強い野党をつくるため、僕は国民民主党の玉木雄一郎代表にちょっとだけ期待して、「もし玉木さんが本気なら、維新として組むのもアリだよなぁ」と半年くらい前までは思っていました。まっ、今に至って組んでいないということは、その期待は裏切られたということですけどね（笑）。

本章で述べてきたように、立憲民主党は「新55年体制」に甘んじ、かつての社会党化していますので、もう期待しても仕方ありません。

一方、同じく民進党から分かれた国民民主党は、今も一定の支持率がある立憲民主党に安易にはすり寄らずに踏ん張っています。立憲民主党がかつての社会党なら、国民民主党は民社党。支持率が1％を割っているのに瓦解しないのは、「やっぱり俺たち立憲じゃねえよな」という至極《しごく》まっとうな思いを持っている人たちだからです。

両者の一番の違いというのは安全保障政策で、国民民主党には安全保障については一定の見識がある人が集まっています。

いくら野党といえども、皇室の問題と外交・安全保障の問題については、あまりに考え方に乖離《かいり》があると、いくらオリーブの木として集まったところで政権交代の選択肢にはなり得ません。

次章で詳しく書きますが、橋下徹さんが『政権奪取論　強い野党の作り方』（朝日新書）という本を書いたのと同じタイミングの2018年9月、玉木さんが国民民主党の代表になった時、僕は玉木さんに大きな期待を持ちました。

そこで僕は、玉木さんに対話を持ちかけました。いろんな機会に玉木さんの事務所に行って、秘書さんたちとも仲良しになりました。その氷山の一角として現れた成果が、『たまきチャンネル』という動画サイトでの僕と玉木さんの対談だったのです。

『たまきチャンネル』というのは、いまだに6704人しか登録されてない（2019年7月22日現在）弱小番組。玉木さんは、党の代表として「YouTuberデビュー！」と大々的に売り出しましたが、とにかく人気がありません（笑）。僕の『あだチャン』は街頭演説などの動画をアップするだけで2万1000を超える登録があるわけだから、一党の代表としてはちょっと寂しいかな。

ただ、それでも僕が強い野党の結集のために、去年の9月以降、玉木さんに「一緒にやろうよ、連携しようよ！」とずっとラブコールを送り続けてきた中で、去年の12月3日、「12月6日の午前中、時間ありますか。私のＹｏｕＴｕｂｅ番組で対談しませんか。玉木」という連絡が来たわけです。

それまでずっと彼がひとりしゃべりしていたのですが、それでは視聴者数が上がらないということで、初の対談企画の相手として僕が呼ばれたのです。

もちろん、僕はＯＫしました。そうしたら、「テーマは何がいいですか？」と聞いてきたので、「国民民主党の立ち位置、憲法改正、消費税……こういうことを語ろうじゃないか」ということになりました。

そして、６日の午前中には議員会館の玉木さんの事務所に行ったら撮影クルーがすでにいて、打ち合わせもそこそこに、動画を撮ることとなったのです。

その動画、いまや21万ビューです、チャンネル登録６７０４人に対して（笑）。他の動画はいまだに数千ビューとか1万に届いていないのに！

僕が出た『玉木チャンネル』では、次のように訴えました。

「玉木さんな、立憲は政権取るつもりないんだから、このままだったら『55年体制』に逆戻りじゃないか。君に懸かってる！　君はインドなんだ！」

インドって、唐突過ぎますか？　どういうことかというと、アメリカが大きな自民党、日本は日本維新の会、立憲民主党と共産党が中国とロシア、そして国民民主党はインド——そのように国会での力関係を国際社会になぞらえて、僕なりの言葉で玉木さんの役割を伝えたのです。

日米と中露が印を取り合っているのと一緒で、責任政党である自民維新と無責任政党である立憲共産が玉木さん率いる国民民主を取りにいっているということ。

僕は**「日米英連邦三国同盟」「海洋国家ネットワーク」という構想を提唱しています。**

簡単に言うと、中国やロシアに対抗するためには、これまでの日米同盟だけではダメで、日米と英連邦、すなわちイギリスにインドやオーストラリアなどを含めた海洋国家で同盟を結び、中露という大陸国家を封じ込めていかないといけないという考えです。

「玉木さん、だから君はインドだ。君が日本政界の未来を決めるんだ。君が日米と中露の覇権争いの中でどっちに付くんだ？　君は国民民主党の代表としてその責任を感じているのか。これから30年、50年の日本政治の行く末を君が決めるんだから、覚悟してやれ!」

「うーん、そうだな」

なんて言いながら、玉木さんもご満悦でした。

小沢一郎さんと手を結んだ玉木国民民主党

ところが……これがなかなかアップされません。僕であればその日にアップできますが、ロゴを入れたりなんだりで編集に1週間かかると最初から聞いていましたけど。

しかし12月6日に撮影したのに12月中旬になっても出ない、下旬になっても出ません。ついには年を越えました。

「玉木さん、君が撮影しようっていうからしたんだよ。早く出してよ」とせっついたら、ついに〝ある日〟になってアップされました。

ある日というのは、実は玉木さんが自由党の小沢一郎さんと一緒になると決めた、今年の1月22日でした。

玉木さんは、たぶん小沢さんが怖くて動画を出せなかったのでしょう。結局、彼は足立が水先案内をしてあげようとした日米（維新、自民）と一緒にやる道ではなくて、小沢一郎と合流して中露（立憲、共産）と一緒にやる道を選んだのです。

こうした野党再編の大きなうねりの中に今、僕は身を置いています。

僕は、夜の赤坂のバーの個室なんかで、「玉木よ、とにかくこっちへ来い」と玉木さんを口説き続けましたが、それは失敗に終わりました。ご存知のとおり、6月中旬、維新以外の野党5党派は7月の参議院選に向けて、全国に32ある定員が1人の「一人区」すべてで候補者を一本化することで合意したからです。

4月の北海道知事選などの選挙応援でも、共産党の志位和夫委員長や小池晃書記局長と同じ街宣車に乗って玉木さんがマイクを握っている姿や、維新以外の野党党首が集まって、玉木さんが枝野さんの横に堂々と座っている姿を見ると、「とうとう根腐れしているオリーブの木に捕らわれちゃったか……」と顔を覆いたくなりました。1月22日以降、僕の中では「もうダメだ、終わった～」ということになっています。

先に小沢さんとの連携を発表してしまえば、あとでいくら僕と意気投合している動画を発表したところで、その価値はなくなってしまいます。その前であれば、「えっ、玉木さん、足立さんたち維新と連携するんですか！」と皆が思うのが当然です。だから、あえて無価値になってから表に出したということ。

それって……せこいというか、僕に失礼だと思いませんか？ だって、12月6日に撮影したものを、年明けの1月22日まで引っ張って、政治的には無価値になってから公表したのですから。

では、なぜ無価値なものを公表したかというと、僕が1カ月半の間、事務所に「撮影したんだから早く公開しなさい」というプレッシャーをかけ続けてきたからです。足立が出せ、出せと言わなかったら出さなかったかもしれません。

そこまでの時点では、国民民主党というのは政界再編の鍵を握る非常に大事なポジションにいました。せっかく玉木さんが野党第二党の代表にまでなったのに、ひとつの時代を画する仕事ができる大チャンスをみすみす逃したのです。残念でなりません。

赤坂で夜な夜な肩を揉んで励まし、動画で一緒に対談までして21万ビューも稼いであげたのに、小沢さん側に行ってしまったということで、足立くんとしてはもうあきれています。

「東大↓財務省」というのは、とにかく与えられた問題を処理する能力についてはピカイチです。

しかし、答えがないところに答えをつくるといった、政治家に求められる資質に欠けている人がほとんど。面白いことに、国民民主党が今「つくろう、新しい答え。」というキャッチフレーズでコマーシャルをやっています。

でも、新しい答えをつくることが最もできない人が、そう言っているというのは、なんてアイロニカルなのでしょうか。

海外調査で改めて気づかされた野党の役割

野党に関連したことでもうひとつ、国会で変えていきたいところがあります。

今、国会というところは与党と野党が対峙する形に一応なっています。でも、その形が果たして正しいのか？　他にもっといいやり方はないのか？——野党同士でいろいろな政策の提案をして、野党対野党でも論戦を交わすことが大切だし、より建設的だなあと気がつかせてくれた出来事がありました。

それは、一昨年の7月、国民投票の実態を探るため、僕ら衆議院の憲法審査会メンバーで海外調査に行った時のこと。憲法改正を含めた国民投票を行ったことのある国ということでイギリスとイタリアに、そして高等教育の無償化が行われているスウェーデンに、与野党5党合わせて7人の議員で訪問したのです。

イギリスでは、移民の受け入れなどを巡ってEUからの離脱（ブレグジット）の是非が議論され、当時のデーヴィッド・キャメロン首相がEU残留を訴えて国民投票に踏み切りました。その結果、キャメロンさんは負けて退陣。そのキャメロンさんに直接会って話を聞くことができたのです。

またイタリアでも、イタリア史上最年少の39歳で首相に就任したマッテオ・レンツィさんが、まさに憲法改正を問う国民投票を実施した結果、大差で否決されて2016年末に首相を辞任してしまいました。

若きトップリーダーが国民投票に打って出て、それが失敗して退陣している二大事例を取材し、いろいろと思うところはあったのですが――ここまでは前振りです。

日本においても「教育無償化」は憲法改正の具体的な項目として論議されていますし、我々日本維新の会でも「教育完全無償化」を憲法改正原案として示しています。そこで、教育無償化が実施されているスウェーデンに行ったわけですが、スウェーデンの国会での論争が非常に印象的であり、ぜひ日本でも取り入れたいなと思いました。

スウェーデンでは党首討論を「総当たり戦」で行います。こういう論戦を日本でもぜひやるべきだと僕は思いました。

この方式なら、野党の代表が安倍総理に質問するだけではなくて、僕ら維新の代表が立憲の枝野さんにも質問できる、国民民主の玉木さんにも質問できる、また玉木さんも維新の片山虎之助共同代表にも質問できるというようなことが日本でも可能だと改めて思ったわけです。

日本の国会では、とにかく野党が攻めて、政府・与党が防御することの繰り返し。常に野党は上から目線で「安倍総理！　自民党！」と責め立てるばかりです。

もちろん、政府与党の監視役としての役割、行政監視の役割が野党にはあります。しかし、それは国会が果たすべき役割のひとつに過ぎないわけで、本当はもっと建設的な論戦、政策論争をしなければいけないと僕は考えています。

ところが、**日本の国会には政策論争がありません**。本当にないんです。行政監視でミスや失言を追及したり、与党議員のスキャンダル追及までしかやりません。それでは野党としての存在価値はないではありませんか。

そうした中で、僕ら維新は立憲や国民に対して、「一緒に政策をつくって、それで与党にぶつけていこうよ」と、実はいろいろ呼び掛けています。

その二大テーマが、ひとつは原発再稼働、そしてもうひとつが選択的夫婦別姓です。

捕れない球を投げて「捕れ！」と怒る野党

我々日本維新の会は、原子力発電に対して「原発再稼働責任法案」という法案をつくっています。

まだ橋下徹さんが代表のころに僕が中心となって立案しました。他方の立憲民主党、日本共産党、自由党、社会民主党の野党４党は、「原発ゼロ基本法案」を２０１８年３月に共同提出しました。

僕らの案は、「原発を再稼働させたいなら、福島第一原発事故の教訓を生かして、ちゃんと責任を持って再稼働させてくださいね」という考え。逆にいうと、「責任を果たせないんだったら再稼働させてはダメよ」という法案です。一方、彼らは「とにかく原発はやめろ」という法案。

でも、野党から2つの法案が出てきては与党はどちらも聞いてくれないので、法案すり合わせの政策協議をしようと提案しているのですが、彼らは聞いてくれません。「維新さん、勝手にどうぞ。僕らはこっちの考えです。譲るつもりはありません」――そういう態度に終始しています。

でも、それでは何も生まれないし、与党から違う法案が出てきた時に、ただただ反対するだけになってしまいます。

本当に日本国のことを、国民のことを考えているのなら、僕たち野党で協議を重ねて切磋琢磨し、与党案を凌駕《りょうが》する法案をつくればいいはずです。

もうひとつ同じような話として、「選択的夫婦別姓」の問題があります。

日本の法律には「同一戸籍同氏の原則」があり、同じ氏（姓）の者しか同じ戸籍に記載されません（戸籍法6条）。現行制度では夫婦同氏が原則なので、夫婦は必ず同じ戸籍に記載されます。違う言い方をすると、結婚したら氏をどちらかの氏に統一しなければなりません。

これに対して、夫婦が希望する場合には、結婚後にも夫婦がともに結婚前の氏を使うというのが「選択的夫婦別氏制度」です。立憲の辻元清美さん、山尾志桜里さんたちが推進しているのはご存知のとおりです。

これはリベラルな考えで耳障《みみざわ》りはいいのですが、**日本の戸籍の原則をぶっ壊すという大胆な制度である**ことは、しっかり理解していただかなくてはいけません。

「夫婦別姓を選びたかったら〝氏〟を統一する必要はありません。その際には、子どもたちも兄弟姉妹で苗字が違うことになりますがかまいません。お子様が生まれるたびに両親のいずれの〝氏〟を使うか選択してください」ということになるのです。

しかし、これでは、家族の価値を大切にする自民党が賛成するわけがないのです。明後日の方向に剛速球を投げるようなもので、どんなキャッチャーでも捕れやしません。野党がムチャクチャなボールを与党に投げていくから、自民党はキャッチできず、野党の言いっ放しで終わってしまいます。これではキャッチボールが成立しません。

立憲民主党や国民民主党などの野党も確かに議員立法はしているのですが、彼らがつくっている議員立法というのは、答えや対案になり得るものではありません。それは、ただただ政府・与党を困らせるため、キャッチできない政府与党を糾弾するためだけの議員立法なのです。

「原発ゼロ基本法案」や「選択的夫婦別姓法案」はその代表例です。政府与党が調整できるわけがない剛速球を明後日の方向にぶん投げるだけ。政府与党には捕れない、いや捕る気も起こさせない大暴投をしておいて、「私たちが議員立法をつくって提案してるのに政府与党は審議をしない！」と文句を言うわけです。

とにかく政府与党の悪口を言うためにスキャンダルを探し、週刊誌をあさり、政府与党がキャッチしようがない暴投を投げておいて、「捕れよ。なんで捕らないんだ！」と文句を言っているだけなのです。

それに対して、僕らは原発再稼働責任法案とともに、「通称（＝旧姓）」の使用にも一般的法的効力を認める「通称使用法定化案」という、政府与党も手を伸ばせばしっかりキャッチできるボールを真正面から投げ込んでいます。

相手の捕れない大暴投を投げておいて、「すごいだろ！」と胸を張っている野党って、なんなんだろうって僕は思うのです。

彼らが本当に国民のことを思って制度を実現したいと思っているのなら、自民党にだって捕れるボールを投げるはずです。それなのに捕れないボールを投げるのは、実は自民党と協議したくないから。

そうです、彼らの目的は、反対すること、揉めることであって、話し合うこと、まとめることではないのです。

超党派で夫婦別姓について考える勉強会を開催

保守というか右というイメージを僕や維新に持っていた方々は、日本維新の会の松井一郎代表が党首討論の場で選択的夫婦別姓に「賛成」と手を挙げたことを意外に思われたかもしれません。しかし、選択肢は2つだけではないのです。現状維持の万年与党と暴投しか投げない万年野党だけなら、選択肢は2つしかありませんが、私たち日本維新の会は、賛成派、反対派の意見をすり合わせて、実情に合ったちゃんとしたルールを提案してまいります。

今のままでは不便を感じる方々がいる、かといって山尾さんたちが主張している野党案では「家族」や「戸籍」の価値を重んじる自民党の賛成が得られない。だから、戸籍の原則である同一戸籍同氏の原則を維持したまま旧姓に一般的法的効力を付与し不便を解消する、しかし、その時は戸籍上の氏は使わない「通称使用法定化案」を僕は提案しているのです。

「原発再稼働責任法案」にしても「通称使用法定化案」にしても、手前味噌ながら両方とも僕が立案してきた政策案です。

すべては国民のために、どうしたら新しい政治、新しい構図をつくれるかしか考えていません。暴投をして、捕れない相手を責め立てることで満足を得るような万年野党の座に安住するつもりなどまったくありません。

原発であれ夫婦別姓であれ、暴投しまくりの野党の皆さんに対し、「それでは与党は相手にしてくれない。この足立案なら、与党も賛成してくれるし、仮に賛成してくれなくても聞く耳は持たざるを得ないでしょう!」と投げかけているのですが、それでは選挙で自民党公明党を批判できないからか、取り合ってくれません。

原発政策という経済のど真ん中のエネルギー政策について、所属している衆議院経済産業委員会で連日ボールを投げているのですが、無責任野党たちは話も聞いてくれないのです。

経済産業委員会の野党筆頭に立憲の落合貴之さんがいて、その横には菅直人元総理も座っています。僕はとにかく野党の面々に「一緒に協議しようじゃないか」と呼び掛けていますが、無視。結局、彼らは自己弁護をしたいだけ、自己アピールをしたいだけなのかもしれません。残念です。

「女性の活躍」という今日の社会政策につながる選択的夫婦別姓の問題についても、僕は法務委員ではないので、維新の法務委員である串田誠一代議士を通じて、野党筆頭の山尾志桜里議員に、「あなたの法案では自民党から相手にされないので、少しでも前に進めるために、維新の法案も一緒に議論しよう!」と何度も呼び掛けているのですが、これもスルー。

結局、国会の無責任野党たちは、政府与党をいじめることしか考えていないのかもしれません。政策の議論が深まり国を前に進めることに関心はないのでしょうか。

「仕方ないな、こいつら……」とあきれ果てた僕は、選択的夫婦別姓の実現のために司法闘争を続けているサイボウズの青野慶久《あおのよしひさ》社長と作花知志《さっかともし》弁護士に連絡をとり、5月7日にサイボウズ本社を訪問、こう訴えました。

「夫婦別姓というのは裁判闘争になじまないテーマです。むしろ裁判所の判決でも『立法政策として国会が対処すべきテーマだ』って判示されているくらいですから。青野さん、司法闘争も続けてもらったらいいけど、国会に一回来てください。国会で勉強会を開催するから、ぜひそこで青野さんの戦いを紹介してほしい。そこで、自民党から共産党までの超党派が合意できるようなストライク・ゾーンに入る現実的な政策を一緒に作りませんか？」

そうしたら、さすがビジネスの第一線で成功を収めてこられた青野社長です。一瞬で得心いただき、同月30日に「選択的夫婦別姓について考える超党派有志勉強会」を開催することができたのです。

選択的夫婦別姓の問題は参院選でも大きな争点となりました。年内の臨時国会で、遅くとも来年の通常国会で実現するべく力を尽くしてまいりたいと存じます。

こうやって、とにかくあの手この手を使って、無責任野党たちを土俵に上がらせるための努力を、「なんでここまで俺がしたらなあかんねん?」と思いながらやっている、そんな今日この頃なのです。

第三章　日本の何を守り何を変えるべきか

第1節　「皇室の弥栄《いやさか》」をどう支えていくか

本書の前半は、自公政権だけではダメ、野党も自民党にチャレンジすべき、と述べてきましたが、その政治の最も大切な役割は、何を変え、何を変えないか、その線引きをすることです。

もちろん、どう変えるかも大事ですが、変えるべきことと変えてはいけないことを峻別《しゅんべつ》できなければ話になりません。

そこで本章では、最初に皇位継承の問題を取り上げます。日本国憲法の最初に位置付けられている皇室の問題は、国の根幹であり軽々に論じるべきでないとの意見もありますが、僕は令和の時代が始まった今こそ議論を開始すべきとの立場から、論を展開してまいります。

令和への御代替わりと国会議員の重い責任

平成という時代が終わり、「令和」という新しい時代を迎えました。

上皇上皇后両陛下がまだ天皇皇后両陛下でいらっしゃった今年の3月、宮中茶会に国会議員の一人として参内《さんだい》させていただきました。そこで、実は天皇陛下とお話しさせていただく機会があったのです。

お茶会ですから、みんな入れ代わり立ち代わりで懇談をしていたのですが、陛下の近くにいた時にたまたま向き合う形になったため、ご挨拶させていただいたのです。

譲位される直前で、天皇陛下としてはもう二度と国民とこうやって触れ合うことはないと思うと、胸が詰まりそうでした。平成29年6月16日に公布された「天皇の退位等に関する皇室典範特例法」は、国会で可決成立させたものだからです。

「大阪の衆議院議員、足立康史です。大阪・関西万博の誘致決定、ありがとうございます！」

こう申し上げたところ、

「準備が大変だと思いますが、よろしくお願いします」

と声を掛けてくださいました。

それから、当時の皇太子殿下、今の天皇陛下もお声を掛けてくださりました。実は、僕が経済産業省、当時の通産省に入って3年目に配属されたのが通商政策局の米州課というところで、その当時、現在の皇后陛下であられる雅子さまがカウンターパートである外務省の北米二課という部署にいらっしゃったので、お会いしたことがあるのです。その旨をお伝えしましたら、「伝えておきますね」と私の名札を確認くださいました。

こうして平成から令和の時代に移る中で、その同時代に日本の衆議院議員として働かせていただけることをたいへん光栄に存じます。

一方、時代が「令和」に変わったからといって、「皇位継承」に代表される、皇室が抱えている課題がクリアされたわけではありません。**「皇室典範」の下に、いかに皇室の〝弥栄〟を支えていくのかということは、国会議員に課せられたたいへん重い責任であると考えています。**

天皇陛下（現在の上皇陛下）が譲位をしたいとおっしゃった時も、今の日本国憲法と皇室典範の下で、それをどう実現させていくのかというのは本当に難しい作業でした。「天皇陛下が譲位のご意向なので皇室典範を改正しました」ではいけません。なぜなら、天皇陛下がご自分の意向で譲位を左右できるようになったら、もはや象徴天皇ではなくなってしまいます。政教分離の問題も出てくることでしょう。

確かに、生前退位のご意向を示されたメッセージビデオのように、天皇陛下ご自身の口からいろいろな思いや状況をお伝えくださるのは、それはそれでいいと思うのですが、それを受けて、実現するまでの道筋をつけるのは政府＝内閣です。

内閣は、国民の総意の下に当該事案——今回であれば譲位、あるいは退位——を実現していかなくてはいけません。今回、安倍政権は細心の注意を払いながら、的確にその段取りをつけていきました。そのルールを決める時には両院議長が中心になり、実際にその段取りは総理大臣が中心になって、天皇陛下の生前退位と新天皇の即位までやり遂げたのです。

この一連の行事については、僕は安倍政権がこれを的確にやってくださったと高く評価しています。ただ、問題はその先。**皇室の将来、安定的な皇位継承をいかに実現して**

いくかが課題となっているのです。

皇室典範には「皇位は皇統に属する男系の男子が、これを継承する」とあります。しかしこの先、皇位継承を男系男子にこだわっていくのは無理があるのでしょうか。少子高齢化の進展は我々国民だけではなく、皇室にも新しい形を求めていくのでしょうか。

今は秋篠宮家に悠仁《ひさひと》親王殿下がおわしますから議論が落ち着いていますが、親王殿下がご誕生になられる前は、大騒ぎでした。

2004年の小泉純一郎政権において、皇室に男性皇族が約40年も誕生していない状況が続き、当時の皇太子——現天皇陛下の次の世代に皇位を継承できる男子皇族がいないことが課題となりました。

そこで、小泉総理大臣の下に「皇室典範に関する有識者会議」が設置され、安定的な皇位の継承に関する議論が本格的に始まりました。

そして、女系天皇を容認し、皇位の継承順位も男女を区別せずに直系の第一子を優先させるなどの見直し案が取りざたされたのです。

ところが、2006年に悠仁親王殿下がご誕生されると状況は一変し、皇位継承に関わる議論も急速にしぼんでいきました。

ただし、それで皇位継承の問題が解決されたわけでも状況が改善したわけでもありません。**ただ結論を出すための時間が先延ばしされ、猶予されたに過ぎません。**

包丁を持った輩《やから》が悠仁親王殿下の通う学校内に立ち入るなど物騒な世の中です。親王殿下の身に何かあったら取り返しのつかないことになってしまいます。

仮に悠仁親王が将来、天皇陛下におなりになったとしても、そのお子さまに男子が誕生されないことだって十分にあり得ます。すると、また同じ議論を繰り返すことになるわけです。

もちろん、バタバタと議論するような話ではありませんが、私は、令和の時代を迎えた今こそ、しっかり国民的な議論を行い、まさに国民の総意として、あるべき皇室の姿を定め、そしてその弥栄を支えていかなければならないと考えています。

悠仁親王殿下廃嫡論をとる野党の軽率

小泉政権の時に議論されたのは、愛子内親王殿下が天皇に即位すべきだという女性天皇容認論でした。

男子女子という性別にこだわらず、天皇の直系第一子が皇位継承していくという、一般にはシンプルでわかりやすいと受け止める向きもあったようです。

しかし、この場合に深刻な問題になってくるのは、その次の世代に「女系天皇」を認めるかどうか。ここをはっきりさせないで見切り発車をしてしまったら、取り返しのつかないことになります。

僕は、女系の継承を頭から否定するつもりはありませんが、その前にまず、伝統に則った男系継承を可能にするためのあらゆる努力をし尽くすことが絶対に必要と考えてきました。あらゆる手を尽くした上で、それでも他に手立てがないということになって初めて、女系天皇を検討のテーブルに載せることも致し方ないと考えます。

驚いたのは、立憲民主党と共産党です。こともあろうか今般の参院選に先立ち、**いわゆる選択的夫婦別姓制度と女系天皇容認論をパッケージで打ち出してきたのです。**これは、制度論としても軽率だし、そもそも選挙前のドタバタした中で発表するような類いのテーマではありません。

私たち日本維新の会も、党の憲法調査会で勉強会は開催しておりましたが、選挙を跨《また》いで、慎重な検討を重ねていくこと、軽々に結論を出さないことを決めていましたので、こうした維新以外の野党の軽率な取り組みには深刻な違和感を禁じ得ませんでした。

問題は、女系天皇容認論だけではありません。国民民主党は、「皇位検討委員会」（座長・津村啓介副代表）がまとめた改正案で男系の女性天皇を容認、女系天皇は「時期尚早」としましたが、YouTube上では、女系天皇を視野に入れた女性天皇であることを認めていました。

国民民主党の案では、皇位継承順位が変更され、1位が愛子内親王殿下、2位が秋篠宮皇嗣《こうし》殿下、3位が悠仁親王殿下となるというのです。

私は軽々に女性（愛子内親王殿下）の天皇容認論を持ち出すことは、想像以上の重大な禍根を生み出すことになると考えています。

これ、気が付いていない方も多いようなので、ひとこと触れておきましょう。

令和の時代を迎え、新天皇が即位された現在、皇位継承順位は秋篠宮皇嗣殿下が1位、2位が悠仁親王殿下、そして3位は……というか、皇位継承の資格がある皇族は3人しかいないのですが、天皇陛下の叔父であられる常陸宮《ひたちのみや》親王殿下となります。

ここで、もし「天皇の直系第一子である愛子さまを天皇にしよう！」という機運が高まり、仮に愛子内親王殿下が皇位継承順位1位になったとします。そうすると、どういうことが起こるでしょうか。

それは、皇位継承の上位にあったはずの悠仁親王殿下の継承権を奪うということ、つまり、女性天皇論というのは「悠仁親王殿下廃嫡《はいちゃく》論」と同義なのです。もちろん、お父上である秋篠宮皇嗣殿下も廃嫡されます。

これでは必ず紛争になります。昔であれば内乱になりかねない、由々しき事態になってもおかしくありません。壬申《じんしん》の乱や保元《ほうげん》の乱のように国を二分して、皇位継承について争おうというのでしょうか。

もちろん、軍事的な内戦になることはないでしょうが、皇室に争いの火種が残ります。ですから、今決まっている男系男子の継承順位は絶対に変えてはいけません。悠仁親王殿下が継承していくというのは変えたらダメなのです。

そして、その先のこと、悠仁親王殿下が皇位を継承された、その先について、今から議論を深めておかなければならないというのが私の立場です。

男系男子の皇統と皇室への敬慕の念

「男系男子だけなんて、男女差別じゃないか！ やはり継承順位を見直して、直系が継いでいけばいいいじゃないか」

私は親王殿下の廃嫡につながる継承順位の変更に絶対に反対ですが、こう反論する方もおられます。つまり男女差別であると。

しかし、天皇に係る男系男子の皇統《こうとう》というものを、立憲民主党や共産党のように女性の権利の観点から議論するのは間違っていると考えます。

そもそも、日本国憲法下の皇室という制度と、国民主権、法の下の平等、基本的人権、宗教の自由などに係る憲法上の規定との間には、ある意味での葛藤があるのは当然であり、そうした憲法上の国民の権利を皇室に適用する議論は、究極的には天皇制廃止論につながりかねず、私は与することができません。

これは、日本の皇室が2000年以上にわたって万世一系で皇統を守ってきた伝統の問題であり、それを特定の政治的意図であったり、あるいは今を生きる私たちの勝手な思いや現代的な価値観だけに当てはめ、軽々しく変えるべきものではないと私は考えるのです。

一方で、何もしなければ、どうなるでしょうか。先に論じたように皇統が断絶し、皇位が安定的に継承できない事態が容易に想定されるのです。

実際に「皇位継承が危機に瀕してから旧宮家の方々に皇籍復帰していただければそれでいい」といった声も聞きますが、私は、そうした考えは無責任の誹《そし》りを免《まぬが》れない、反対であると強く申し上げておきたいと思います。

小泉政権を思い出してください。また、立憲民主党のような無責任野党が政権を取らないとも限りません。今から、しっかりと、安定的な皇位継承をどう実現するのか、皇室の弥栄をどうお支えしていくか。まっとうな議論を国会議員がリードし、広く国民の皆様のご理解を得ておかなければならないのです。

皇室の制度を考える際のキーワードは、私は2つあると考えています。ひとつは「皇統」。もうひとつは「直系」。

皇室典範には「皇位は皇統に属する男系の男子が、これを継承する」とあるように、「皇統」を重んじています。他方の「直系」というのは、直接的な親子関係でつながる系統のこと。つまり天皇陛下の子どもであることです。上皇陛下の平成の時代で直系というのは、今の天皇陛下や秋篠宮皇嗣殿下が直系です。もちろん、愛子内親王殿下も直系だし、眞子内親王殿下、佳子内親王殿下、そして悠仁親王殿下も直系でした。今上《きんじょう》陛下が即位した現在、最も狭い意味での直系は愛子内親王殿下ただおひとりです。

なぜ直系を重視する立場があるのかというと、それは「敬慕の念」というものが大事だからです。

上皇上皇后両陛下が象徴天皇としてあれだけ精力的に日本全国の被災地を見舞われ、また世界を回って慰霊の旅を続けられた。そして私たち国民は両陛下に尊敬の念とお慕いする気持ち、つまり「敬慕の念」を抱いています。そして両陛下の「直系」たる新天皇にも国民は「敬慕の念」を持つのです。こうした皇室への敬慕の念を軽視する向きもありますが、私は、それは上皇上皇后両陛下の象徴天皇としての来し方を否定することになるのではないかな、と危惧するのです。

「皇統」は必要条件、「直系」は十分条件

皇位については、いろいろな意見があってよいと思います。しかし、国会議員たるもの、よく思慮し、変えてはいけないものは守り切らねばなりません。私は、悠仁親王殿下の皇位継承順位は守った上で、その先の皇位継承の在り方、皇室の在り方について議論を深めてまいりたい。

皇位の安定的な継承のためには、「皇統」は必要条件、敬慕の念を大切にする観点から「直系」は十分条件と位置づけてはどうでしょうか。「皇統」と「直系」とを二者択一で争う必要などまったくないと考えるからです。

確かに「皇統」に係る伝統は絶対的に大切です。しかし、象徴としての新しい天皇像を模索されてきた上皇上皇后両陛下の来し方を思う時、やはり「皇統」だけを振り回す気にはなれず、先に僭越ながら十分条件と申し上げたような皇室に対する国民の敬慕の念もできるだけ大切にしてまいりたい、私はそう考えています。

「皇統」を重視する意見のうち最も極端な考えは、皇籍離脱した方々に復帰していただ

けばいい、男系男子なら旧宮家でなくても遠縁でもいいという考え方です。旧宮家というのは、戦後に皇籍離脱した11宮家のことを指しますが、戦前に皇籍離脱した方々もいます。更にいうと明治時代に離脱した方々の子孫もいます。

究極の皇統論者は、天皇の男系子孫であるならば「どこまで広げても、どこまでも遠くてもいい」と主張するかもしれません。天皇には敬慕の念なんていらない、ただ天皇は祈っていればいいし、皇統がつながっている男系子孫であれば誰でもいい。生後7カ月で即位された六条天皇（第79代）もいたじゃないか――。

こうした説に立てば、とにかく女性、女系の天皇には絶対反対です。「皇室離脱していようが男系子孫なら何十人もいるのだから、その人たちを皇籍に戻せばいい」という論が、究極の皇統論です。

そのまったく反対側の極に愛子内親王殿下を念頭においた女性天皇論、更には女系天皇論があるわけですが、立憲民主党や共産党は参院選前のドタバタの中で、その極端な女系天皇論をぶち上げるわけですから、まあ、嘘っぱちのマニフェストで政権を取って、政権運営に失敗した民主党の末裔《まつえい》、いや当事者だけのことはあります。

まず大切なことは、繰り返しになりますが、悠仁親王殿下までは争いにならないように、現在定められている継承順位を守ることです。現に悠仁親王殿下がいらっしゃるのですから、廃嫡する必要はまったくありません。

その上で、悠仁親王殿下の更に先については、「皇統」をあらゆる手を尽くして守りつつ（必要条件）、併せて皇室への国民の敬慕の念というものも視野に入れながら（十分条件）、どのような皇位継承と皇室のあり方が望ましいのか、幅広く議論し必要な準備を進めていくべきであると考えます。

世界から尊敬を集める皇室の力

本書で紹介しておきたい皇位の安定的な継承に向けたひとつの考え方は、敬慕の念の対象である直系のプリンセスと遠縁を含めた男系男子とのご結婚をお待ちするという考え方です。

不敬を恐れずに言えば、皇統と直系とのハイブリッド。もちろん、ご結婚を強制することはできませんが、国民的には遠縁を含めた男系男子と敬慕の念の対象たる直系の内親王にご結婚いただくことができれば、それが一番よいように思います。

そうしたご結婚の可能性を拡げていくためには、遠縁を含めた男系男子の子孫をしっかり宮内庁で把握するとともに、できればプリンセスがご結婚され皇族の身分を離れられる現在の制度を改め、内親王の女子の子孫に内親王を世襲いただくことが必要となります。

内親王とご結婚された男系男子以外の男子や男子の子孫には皇籍を与えない等の枠組みが必要となりますので、いわゆる女性宮家とは異なる新しいプリンセスの世襲制となりますが、国民の理解を得るまでには大変な議論の深化が必要と存じます。

おそらく本節をお読みくださった皆様からは大きなご批判もいただくことと存じます。左からも右からも品位に欠けるとか不敬だとか……。

しかし、**日本の天皇と皇室は、日本国憲法の第1章にあるように国の繁栄にとって大変に重要な事項です。**仮に皇室典範を何らかの形で改めるとすれば、私たち国会議員の判断が問われます。だからこそ、私は批判を恐れず、今自分の頭の中にある考え方を文字にしてみました。

令和になって初めての国賓としてトランプ米大統領が来日され、宮中晩餐会が開かれました。やはり世界の王室と比較しても、日本の皇室への尊敬の念が表れていました。特にアメリカという国は建国250年にも満たない若い国で、王室や貴族などとは無縁です。しかし、だからこそ、英国の王室や日本の皇室に対する敬意というのは、私たちが想像するよりも強いものがあるように思います。

皇位の安定的な継承を確保し、皇室の弥栄をどのように支えていくのか、結論を急ぐ必要はありませんが、検討を開始しなければならないことだけは改めて強調しておきたいと存じます。

第2節　簡素で公平な「挑戦のための安全網」

本章の冒頭に、政治の最も大切な役割は、何を変え、何を変えないか、その線引きをすることだと書きました。そうした意味で、今最も変えなければならないのは社会保障制度です。

いうまでもなく現在の社会保障制度は自民党がつくってきたものですが、自民党のビジネスモデルと同様、既に時代遅れとなっています。

高度成長期の仕組みが人口減少・少子高齢化の時代にマッチするわけがないのに、だましだまし今日まで来てしまったのです。

本節では、社会保障のどこを変えるべきなのか、どう変えるかを含めて僕の考え方を紹介したいと思います。

まったく論戦にならない国政選挙のレベルの低さ

本章を執筆している真最中の6月、いわゆる、「年金2000万円足りない問題」が起こり、大変な論議となりました。金融庁が6月3日に公表した「資産形成に関する金融審議会報告書」ですが、残念ながら核心を外した議論ばかりで、参院選を通じても議論が深まることはありませんでした。

同報告書は金融庁によるものですから、日本人の寿命の延びに合わせて資産形成を促す狙いがあったと思われます。

しかし、年金暮らしの無職夫婦を例に、このままでは毎月の生活費が平均5万円足りなくなる、30年生きれば2000万円足りなくなる、と打ったものですから、第一次安倍政権で問題となった「消えた年金」が記憶にある野党が大騒ぎ。一方の政府与党も年金問題は鬼門として過剰反応し、なんと報告書を受け取らないという暴挙に出てしまったのです。

結局、今に至るまで、野党から出てくる批判は、（1）報告書を受け取らなかったのはけしからん、(2)精査に必要な財政検証が公表されていない、(3)100年安心と言ったじゃないか、の3点ばかり。しかし、僕は3つとも議論しても仕方ないと思うのです。

第一の麻生副総理兼財務相が報告書を受け取らなかった問題は、確かに問題だと思います。しかし、近年の野党の追及は、そうした文書の扱いに関わるものばかり。

例えば、懐かしい森友学園に関わる近畿財務局の決裁文書改竄問題でも、改竄した改竄したと大騒ぎしました。確かに改竄は大問題ですが、結局、改竄前の元の決裁文書を見ても、安倍総理や明恵夫人の不正は出てきませんでした。

本当は決裁文書の中身をこそ精査しないといけないのですが、焦点がどんどん本質から外れていくのが維新以外の野党の特徴です。第二章で詳述したとおり、改竄したのは不正があったからではなくて単に自民党国対に怒られるのが嫌だったからですから、有意な証拠が発見できるわけがないのです。

第二の財政検証についても、なぜ政府が公表を参院選後にずらしたかと言えば、維新以外の野党やマスコミの取り上げ方が偏っていて、とても建設的な議論の材料としては扱われないということがわかっているからです。

本当は公表して議論したほうがいいに決まっていますが、公表すると揚げ足を取られる、揚げ足を取られるのを恐れて公表しない、公表しないから疑われる、疑われるから公表しない……こうして非生産的な罵《のの》り合いが延々と続くのです。

僕は、こうした悪循環を好循環に反転させたいと思って、いつも本質論を発言しているつもりなのですが、結局、与野党が演じる猿芝居の喧騒にかき消され、あまり効果を発揮していないようです（汗）。

第三の「100年安心」を銘打ったマクロ経済スライドという制度は、そもそも年金受給者の安心ではなく厚労省年金局の安心だったものを、自公政権が過大広告したのか野党が意図的に誤解を広めたのか丁寧に検証しないとわかりませんが、いずれにせよ、年金受給者が安心できない！　と物議を醸《かも》しているのです。

そもそも年金給付の財源は、保険料、税、積立金の3つしかありませんから、仮に現在の給付レベルを上げようと思えば、保険料率を上げるか、増税するか、将来世代のための積立金を自分たちで食べちゃうか、3つにひとつしかありません。

ね、つまらないでしょう？ だから僕は、こうした何も生み出さない議論からは距離を置き、維新のマニフェストにとても重要な政策案を盛り込んだのですが、維新以外の野党から政府与党に対する無駄な攻撃や批判にかき消されて、本当に議論すべきテーマに焦点が当たらないのは、残念としか言いようがありません。

僕がマイナンバーにこだわる理由

僕は、霞が関に奉職していた当時から、（1）年金は足し算引き算、（2）医療介護は掛け算割り算、（2）情報化で微積分ができる、と訴えてきました。少しわかり難いでしょうか（汗）。

先ほど「年金給付の財源は、保険料、税、積立金の3つしかない」と書きましたが、まさに年金保険は現金給付ですから、どこかを足せば、どこかを引かなければならない、当然なのです。打ち出の小槌はない、魔法の杖もない、というのはまさにそのとおりで、ないものはない、とはっきりしているのです。

いわゆるマクロ経済スライドというのは、２００４年に公明党が主導した「年金１０

0年安心プラン」を通じて実施された年金制度改革なのですが、少し宣伝をやり過ぎたように思います。

「年金100年安心プラン」にいう「安心」というのは、国庫負担を2分の1に引き上げ、積立金を活用して後世代の給付に充て、負担の範囲内で給付水準を自動調整する仕組みを導入すれば、保険料負担を18・3%を上限として、それ以上保険料が上らないですよ、という意味でした。

できるだけ前向きに評価したとしても、せいぜい現役世代の保険料負担に係る「安心」であって、年金の給付水準に係る「安心」では毛頭なかったのです。

もちろん、その給付水準についても、モデル世帯で現役世代の手取り収入の50%を確保すると言っていますが、その保証はどこにもありません。仮に将来、この50%という給付レベルを維持できなくなれば、それはやっぱり増税するか保険料率を引き上げるか、いずれかを実行せざるを得ない。「年金は足し算引き算」と書いたように、年金保険制度に魔法の杖も打ち出の小槌もあるわけがないのです。

では、医療保険、介護保険はどうか。僕は、国会等の議論で、掛け算と割り算くらいはできるかな、と申し上げています。社会保険制度であるという意味では年金保険と同じ保険ですが、医療や介護は現金給付ではなくサービス給付です。医療機関等サービス提供者のガバナンスや健保組合等の保険者機能を強化していけば、医療費や介護費を適正化・効率化する余地は十分にあると僕は考えています。

そして、最後の「情報化で微積分」というのは、**マイナンバーを活用すれば、途方もなく有効な諸改革を実現できるという意味です。**

例えば、日本は皆保険制度を実現してきましたから、レセプトチェックのルールを全国で統一し、ＡＩも活用すれば、世界のどの国も真似のできない医療保険制度のバージョンアップが可能であり、保険者機能も格段に強化できます。

政府は、これまで、年金改革と称して足し算と引き算を繰り返し、医療介護の構造改革と称して掛け算割り算を、つまり様々な効率化のための制度改革を繰り返してきましたが、一番大事な情報化が不十分でした。いや情報化投資は懸命に進めてきたという声も聞こえてきそうですが、ＩＴベンダーを太らせるだけの公共事業が拡大しただけで、本当の意味での情報の力を引き出しているとは到底いえません。

それを可能にする魔法の杖、打ち出の小槌こそ、マイナンバーであると僕は訴えてきたのです。だからこそ、初当選以来、30回以上の国会質問でマイナンバーを取り上げ、その活用について政府を問い質してきたのですが、フル活用までの道のりは平たんではありません。

例えば、後述するように、複雑で不正の尽きない生活保護や完全に信用を失ってしまった基礎年金などを給付付き税額控除に一本化しようとすれば、制度インフラとしてのマイナンバーが必須ですが、共産党は猛反対、自民党を支持する地方の豪族たちも乗り気ではありません。

理由は、本書の第一章をお読みくださった読者の皆様には、改めて説明するまでもないと思いますが、既得権を維持しようとする自民党のエネルギーは尋常ではないとだけ申し上げておきたいと存じます。

外国人の在留管理で実現したかったこと

そのマイナンバーの出番が意外に早くやってきました。それが外国人労働者の受け入れ拡大であり、そのための入管法改正でした。

2018年2月20日の経済財政諮問《しもん》会議において、安倍総理が大変に重要なステートメントを発表しました。

「安倍内閣として、いわゆる移民政策をとる考えはありません。この点は堅持します。他方で（中略）深刻な人手不足が生じています。

生産性向上や女性・高齢者の就業環境の整備（中略）とともに、あわせて、専門的・技術的な外国人受入れの制度の在り方について、早急に検討を進める必要があると考えます。

在留期間の上限を設定し、家族の帯同は基本的に認めないといった前提条件の下、真に必要な分野に着目しつつ、制度改正の具体的な検討を進め、今年の夏に方向性を示したいと考えています」

そして6月に公表された「経済財政運営と改革の基本方針2018」、いわゆる骨太方針には、後に入管法改正案として具体化する新制度の大枠は示されていたのです。

世間が入管法改正案について本格的に騒ぎ始めたのは秋の臨時国会が始まってからで

したが、僕は春からずっと、これは大変な議論になるなと考え、様々な対策を検討していました。

その僕が考えた対策の核心が、**マイナンバーカードを通じた本人確認とマイナンバーのフル活用だったのです。**僕の最終目標は国民の社会保障へのフル活用ですが、プライバシー等を理由に共産党が猛反対しているため、それなら最初は外国人に適用し、その有効性、効率性、安全性を検証したらいいではないか、と考えたのです。

そして、臨時国会での与党との折衝を経て、入管法改正案の附則に、

「政府は、この法律の公布後、速やかに（中略）特定の個人を識別することができる番号（筆者注：マイナンバーのこと）等の利用の在り方について検討を加え、必要があると認める時は、その結果に基づいて所要の措置を講ずるものとする」

と挿入することができたのです。

もちろん、あくまでも検討条項に過ぎませんが、これが今の日本維新の会の実力では精一杯。それでも、「特定の個人を識別することができる番号」すなわちマイナンバーの利用について検討するという文言が法律に明記されたことは、とても大きな前進です。

今の在留カードは、報道のとおり偽造工場がいくつも摘発されています。

「委員御指摘のとおり、この在留カードの偽変造事案、これがあるということはまことに遺憾なところであり、平成二十九年の警察庁公表資料によりますと、偽造在留カード所持等による入管法違反の検挙件数が三百九十件、三十年においては、上半期の速報値でございますが、二百九十一件と増加傾向にあるというところでございます。また、東京入管も、ことし一月において、十四枚の偽造在留カードや二千三百枚の特殊ホログラムラミネートなど、偽造在留カードの製造原料等を発見、押収しております」（2月15日衆院予算委での山下法務省の発言）

法務省は「在留カードの券面を重視する」との立場を依然として維持していますが、これからの時代、スマホアプリがあればマイナンバーカードでの本人確認が一番確実なのです。

更に言えば、外国人労働者の失踪が増加の一途を辿っており、2016年に失踪した技能実習生が5000人超だったものが、2017年に7000人超、昨年は9000人超を記録、大変な問題になっているのです。

私は、この際、外国人労働者にはマイナンバーをフル活用し、その収入、資産を捕捉した上で、銀行口座等資金の動きから失踪先等を追跡できるようにするくらいの抜本対策が必要と考えています。

給付付き税額控除のすごいパワー

さて、年金を含む社会保障に話を戻すと、僕は、このマイナンバーを活用すれば、戦後、自民党政権がつくってきた古い社会保障制度を、抜本的にアップデートできると考えています。その名も「給付付き税額控除」。別に僕が言い出したわけではありません。かの有名な「社会保障と税の一体改革」の基本をなす「税制抜本改革法」(社会保障の安定財源の確保等を図る税制の抜本的な改革を行うための消費税法等の一部を改正する等の法律)第7条第1項にも、

「(マイナンバー)の本格的な稼動及び定着を前提に、(中略)給付付き税額控除等の低所得者に配慮した再分配に関する総合的な施策を導入する」

と明記されているのです。つまり、日本維新の会が結党される以前の2012年6月

21日、当時の自民党、公明党、そして民主党の三党合意にも含まれていたのです。

給付付き税額控除は、所得税から一定額を控除する減税であり、課税額より控除額が大きい場合に、その分を現金で給付する制度です。

例えば、納税額が10万円の人に15万円の給付付き税額控除を実施する場合には、差額の5万円を現金支給します。低所得者や子育て世帯への支援策としてカナダや英国ですでに導入されています。

ところが、政府与党は軽減税率を選び、民主党の後継政党たちは総合合算制度を主張し、格差是正に最も有効な給付付き税額控除のことを、皆忘れてしまったかのようです。

本年2月の衆院予算委員会で僕は、政府に問い質しました。

「マイナンバーという、軽減税率や所得控除、税額控除に比べても圧倒的にすばらしい給付付き税額控除（中略）そういうすばらしい選択肢を捨ててまで、（中略）なんで消費税と入管法、消費増税と外国人労働者の受入れ拡大を急ぐのか。私は、順序が逆である。先にマイナンバーを定着させる作業をまずやってからで、増税なんかあとでも十分間に合う。麻生大臣、なんで、急がないといけないんですか。それぐらい日本の財政はやばいんですか、これ」

この私の質問に対する麻生財務相の答弁は、言うまでもありませんが、「ギリシャと一緒にするな！」でした。

「少なくとも、日本の場合は、自国の通貨で国債を発行している数少ない国のひとつですから。ほかの国のように、外国のお金、ドルとかユーロでやっているわけではありません。円だけでやっております。外国人が買っている比率が十何％あると言われますが、いずれも円で買っておられますから。その意味では、ほかの国とは一緒にせぬでもらいたい」

つまり、日本の財政の状況をみると、決して増税を急がねばならないような危機的な状況ではないのです。むしろ大事なことは、ひび割れや水漏れする穴に絆創膏《ばんそうこう》を貼っているだけのバケツに、ジャブジャブ税金を流し込むのではなく、**マイナンバーという新しいバケツを用意してから水を注いでも、決して遅くはないと思うのです。**

まずマイナンバーという税と社会保障を支える制度インフラの普及定着を図り、その上でマイナンバーをフル活用して収入と資産を捕捉、徴収漏れが３兆円とも５兆円ともいわれる税や社会保険料を取るべきところからしっかり取り、手を差し伸べるべきところには徹底支援をしていく。

こうした給付制度を導入すれば、究極的には、不正受給の温床となっている生活保護制度も、完全に信用をなくしている公的年金制度も、換骨奪胎《かんこつだったい》して給付付き税額控除に一本化できます。

なお、給付付き税額控除とベーシックインカムは、同じ種類の政策であると理解いただいて結構だと思っています。

いわゆるベーシックインカムでは、毎年一定額を給付するわけですが、給付付き税額控除では、まず所得税から控除し、控除しきれない場合は給付する。政策思想は同じなんですね。

年金保険は給付と負担を均衡させよ

ここで再び、年金改革に話を戻しておきたいと思います。

本節の冒頭、いわゆる老後の年金が2000万円足りないという金融庁報告書を取り上げましたが、与野党で繰り返される年金狂騒曲に決定的に欠けているのが、自助・共助・公助の立て分けです。

6月10日の参院決算委員会に胸を張って登場した立憲民主党の蓮舫議員は、こう安倍総理に問い質しました。

「豊かな生活のためではなく、足らざる部分のためにもっと働け、節約しろ、ためろ。公助から自助に、総理、いつ転換したんですか」と。

いや、蓮舫さん、年金は共助です。保険です。これを皆が忘れているから話が混乱するのです。自助は自助として、共助は共助として、公助は公助として設計しないと、得られるはずの国民の理解も得られなくなってしまいます。

年金は、それが公的年金であっても、あくまでも保険ですので、厳格な保険数理に基づいて運営される共助の制度です。長生きという「リスク」に備え、早逝《そうせい》する方の保険料を長生きする方に移して補償する長生きリスク保険なのです。

したがって、60歳まで働いて70歳が平均寿命であった時代が終わり、仮に70歳まで働いても平均寿命が90歳の人生100年時代が到来すれば、年金の受給期間が倍になるため年金受給額が半分になるのは、計算上、当たり前なのです。僕が再三、「年金は足し算掛け算」と強調する所以《ゆえん》です。

そういえば、ある雑誌に自民党の厚労部会長を務める小泉進次郎議員の、公的年金「大改造計画」と銘打ったインタビュー記事が掲載されていましたが、その大改革の目玉が、「受給開始時期の選択制の拡大」というのですから、開いた口が塞《ふさ》がりません。現在は上限が70歳で最大42％アップであるのを、更に引き上げ、１歳遅らせると約８％アップになるので、仮に71歳受給開始なら50％アップになる、と宣伝している。

いいや、確かにそうなのですが、あくまでも年金は厳格な保険数理に基づいて計算されているので、全体ではバランスが取れるようになっており、決して損とか得とかという話ではないのです。

では、公的年金制度の本当の問題は何か。僕は、低年金無年金の問題だと思っています。あの『赤旗』が、めずらしく良いことを書いていました。今年６月12日の「マクロ経済スライド　年金削り、格差広げる」との記事です。

「マクロ経済スライドによる（年金給付の）実質削減は、現役時代に低賃金だった労働者ほど、年金額がより大きく目減りする仕組みとなっています」

「低賃金の人ほど年金額がより大きく目減りする原因は、老齢基礎年金の削減幅のほうが、上乗せ部分の老齢厚生年金よりもかなり大きいためです」

「マクロ経済スライドによる実質削減は、高齢者の生活悪化とともに、年金の格差拡大に拍車をかけるものです」

そのとおりなので、ＡｂｅｍａＴＶの『みのもんたのよるバズ！』に出演した際、同趣旨の発言をした共産党の田村智子議員に「当たり前じゃないですか」と返したら、えらく怒られました。私が低年金無年金を容認したと受け取られたのかもしれませんが、違います。

共産党の言うように、基礎年金の削減幅のほうが厚生年金よりもかなり大きい。それは事実なのです。公的年金の問題というのは、実は基礎年金の問題なのです。だからこそ、僕は、完全に信用をなくしている基礎年金も、さらに言えば、不正受給の温床《おんしょう》となっている生活保護制度も、換骨奪胎して給付付き税額控除に一本化すべきと主張しているのです。

『赤旗』が主張するように、年金問題の焦点は、厚生年金ではなく基礎年金なのです。基礎年金にはすでに2分の1の税金が投入されていますので、この際、廃止して給付付き税額控除に一本化すれば、いわゆる「クローバック」（＝払い戻し制度）と同じ効果が得られます。そして、年金保険は報酬比例年金に純化をさせて、保険制度らしく徹底して給付と負担の均衡、バランスを確保すべきなのです。

低年金無年金問題を放置したら、日本は高齢者の生活保護大国になってしまいます。本章で紹介した**マイナンバーを活用した給付付き税額控除を導入し、安心して挑戦できる、そんな公正な社会をつくっていきたいと思っています。**

第3節　放送通信の融合と「政治メディア」の未来

本章のテーマは「何を守り何を変えるべきか」。

守らないといけないものの代表として「皇室」を、改革しなければならないものの代表として「年金制度」を取り上げましたが、政治の判断を超えて、すごいスピードで変わっていくものがあります。その代表が、僕はテレビ電波放送やネット通信といった映像メディアだと思っています。

実際、先の通常国会では、ネット同時配信の影響を受けるのを嫌った総務省とＮＨＫが、「ネット配信は電波放送の補完サービスに過ぎない」と位置づける放送法改正案が成立し、本来はネット配信ビジネスにチャレンジすべきところなのに、逆に放送分野に籠城してしまいました。

本節では、この映像メディアの世界で何が起こっているのか、次代の枠組みはどうなっていくのか、僕の考えを紹介したいと存じます。

もうテレビの地上波放送なんていらない！

「若者のテレビ離れがすごい」「テレビのない家庭が増えた」と言われ始めて何年も経ちますが、今でもテレビの放送番組というのはすごい影響力があります。本書だって売れて数千から数万。僕のＹｏｕＴｕｂｅは数万から数十万人が見てくだっていますが、テレビの視聴者数は平均で数百万人ですから、ゼロの数が１つ２つは違ってきます。

このテレビというものが、日本政治に果たしてきた役割は限りなく大きいものがあります。特に日本では、新聞社が放送局を持っていたりするので、政治とは無関係ではいられません。

日本のテレビの世界というのは、東京のキー局５局と大阪の準キー局が支配しているのですが、地方にはローカル局が存在しています。ローカル局は、ほとんどの場合、キー局の番組を流しますが、当然ローカル局で制作する番組もあります。

実はローカル局というのは、地元の政治家に宣伝アピールする場を提供していて、自民党の地方有力者や地元企業、そして県庁とも密接な関係が続いてきました。これこそが、田中角栄さんが完成させた「地方ローカル局を巡る利権構造」なのです。

ところが、自民党がつくってきたそうしたシステムが今、大きく崩れようとしています。**それが「放送と通信の融合」なのです。**

簡単にいうと、今テレビは送信された放送電波を受信して見ることができますが、パソコンやスマホで動画を見るのはインターネット通信です。放送電波を受信して見ているわけではありません。

つまり、現在は動画のコンテンツを見る方法は2種類あるということです。電波に乗って送られてくる放送番組を見る方法と、インターネット通信を通じて配信されてくるネット番組を見る方法です。

最近のテレビには放送とネットの両方のチャンネルがあって、今視聴している番組が放送電波の番組なのかネット通信の番組なのか、見ている人にはわからないような状況が生まれてきています。

ここで僕が言いたいのは、「もう電波なんていらない」ということです。はっきりいって動画の配信が、貴重な地上波を占拠し続ける必要はありません。全部ネットで配信したらいいのです。

僕に言わせれば、民放であれNHKであれ、すべての地上波利権を返上して、代わりにネットで配信したところで、困る人（視聴者）は誰もいないはずです。NHK改革だって、それだけで大きく前に進むはずです。

それに、電波は公共の財産であり貴重なものです。だからこそザル法とはいえ放送法で規制されてきたのです。しかし、これからは、そうした貴重な電波帯域は5Gなど新しいサービスに明け渡していけばいいし、そうすることで新しいイノベーションに対応することもできます。技術的にも十分可能です。では、なぜやらないか？　そこに出てくるのが自民党なのです。

放送電波利権を守るためだけの放送法改正

既に触れたように、電波放送には「放送法」という規制があります。それに対して、後発のネット通信には放送法のような規制はありません。

両者とも同じように映像等のデジタルコンテンツを視聴者に届けるものですが、放送電波の世界は規制でがんじがらめになっています。一方のネット通信に関しては規制がないので、その違いをどう調整するかという問題が、いわゆる「放送と通信の融合」問題なのです。

この、放送と通信の融合問題は、僕も衆議院の総務委員として関わってきました。高市早苗総務大臣の頃から「放送と通信の大融合時代」に対応するための放送法改正が俎《そ》上《じょう》に上げられては落ち、また上げられては落ち、というのを繰り返してきました。野田聖子総務大臣の時にもありました。でも結局、手足を豪族に縛られている彼ら彼女らは、放送法改正案を国会に出せなかったのです。「やるやる」とは言っていましたけどね。

それが、ようやく今年の通常国会に出てきたのです。石田真敏《まさとし》総務大臣の下、放送法の一部改正法案がこの5月末に可決成立しました。ただ……この法案は自民党の中途半端さを象徴するような内容で、**放送電波の既得権をとにかく維持するためにつくってきた法案だったのです。**

今回の放送法改正案は、ＮＨＫのテレビ番組をネット同時配信することを認めるという内容でしたが、自民党は結局、電波を受信しＮＨＫと受信契約している人だけを対象とする補完的サービスとしてネットを位置付けてきました。

もちろんNHKがネット同時配信を開始すること自体は一歩前進なのですが、これでは世界のイノベーションに伍《ご》していけません。もうガッカリでした。

この世界は、NHK、民放連（日本民間放送連盟）、政府与党の利害が複雑に絡み合っています。NHKは、ネットの未来を一応は理解していますので、その持てるコンテンツをネット世界に大放出して、未来が見えない放送世界から脱皮を図りたいという野望を持っています。受信契約の対象を拡大し、将来的にはテレビを持たないネットのみの視聴世帯にも受信料負担を求めるという野望です。

しかし、NHKの肥大化を恐れる民放連はこれに大反対。総務省は、与党自民党の意向を忖度しながら、手探りで出口をまとめてきたわけです。

今回の法案は、（1）ネット配信を放送受信契約者に対する補完的サービスに限定（IDとパスワードがなければ視聴できない）、（2）ネット業務の費用を受信料の2・5％までに制限、（3）同時配信に係る著作権法規定（許諾権）を維持、といった極めて限定的な解禁となっており、「妥協の産物」であると断じざるを得ません。

僕としては、早くネット通信を巡る世界のイノベーションに追いつかないと、グローバルな競争に負けると危惧しているわけです。もうすでに地球上がネットでつながって動いているわけですから、**テレビ局は電波の世界に籠城しているだけではダメだと僕は言い続けてきました。**

グローバル競争の激しいネットコンテンツの世界でしっかり世界と伍していかなければならないのに、日本の放送局が放送電波の世界にしがみついているのは、日本国内の小さな既得権益を守るためだけです。法律を思い切って変えたほうが、グローバルにビジネスし、大きな利益を得られる可能性があります。本当は、今国会がそのチャンスだったのですが、その機会を生かすことができず、残念でした。

国政政党として初めてマニフェストに明記

今年の通常国会、石田大臣率いる総務省が国会に提出した放送法改正案は、5月14日の参考人質疑を経て衆院で共産党を除く全会派の賛成で可決され、5月末に参院でも可決され、成立しました。

僕は、衆院の総務委員として、党政調の総務部会長として法案には反対の論陣を張ってきました。総務省が現在の放送の古い枠組みを抜け出せないのは、ＮＨＫや民放連との関係だけが理由ではありません。

放送にまつわる広範な既得権者に過剰に配慮する中で、世界に類例のないスクランブルを前提とした限定受信システム「ＣＡＳ」(Conditional Access System) をＮＨＫが民間放送事業者と共同で開発し、視聴者の利便性を犠牲にしてきた経緯があるのです。

昨年からは更に、外挿するカード（Ｂ—ＣＡＳカード）を内蔵チップ（Ａ—ＣＡＳチップ）に切り替え、その費用を視聴者に転嫁する暴挙に出てきました。

そして、ＮＨＫは民間の有料放送事業者さながらに受信契約に応じない視聴者を識別し、ＮＨＫの現在の枠組みに反発する視聴者を放送サービスとネットサービス両方の受益から排除してきたのです。

僕は、参院の総務委員でもある片山虎之助共同代表が今次の放送法改正案には賛成すべきとの立場であったため、ネット同時配信の解禁自体は一歩前進との観点から法案には賛成しましたが、その上で、参院選マニフェストに今般の放送法改正の先を見通して、

「ＮＨＫ改革」を党の方針として明記することができました。

現実の政治は、思うところを叫んでいるだけでは動きません。引くところは引く、そして勝負すべき時を選ぶ、現実を前に進めていく。そうして参院選マニフェストに、以下のように明記したのです。

「ＮＨＫ改革。防災情報など公共性の高い分野は無料化し、スマホ向け無料配信アプリを導入。有料部分は放送のスクランブル化と有料配信アプリの導入」

本来、ＮＨＫの業務のうち、民間にできる番組は民間に委ね、ＮＨＫは災害時の緊急放送や報道等に番組内容を限定し、公共性の高いコンテンツを視聴する機会を広く国民にノンスクランブルで提供すべきなのです（＝公共ＮＨＫ）。そして、既に肥大化している民間との競合分野については、民間放送事業者との公正な競争環境（イコールフッティング）の下で正々堂々とそのコンテンツを競い合うべきです（＝民間ＮＨＫ）。そうすれば、Ｅテレ等地上波の帯域開放も進めることができるし、Incentive Auctionなど周波数返上の仕組みを整備すれば５Ｇなど新しい時代のサービスを展開することもできると考えているのです。

僕は、こうした改革、ＮＨＫを公共的役割に集中させる大改革を、ＮＨＫがネット同時配信に踏み切る前に実行すべきと再三指摘してきましたが、まだ遅くはありません。以下に述べるように、誰もイノベーションの大波には抵抗できないからです。

政治をイノベーションが乗り越えていく

政府提出の改正放送法には放送と通信の融合時代に相応しいビジョンもなければ対策もない、その様子を紹介してきましたが、ここからは、新しい時代をどうやってつくっていくか、その方策について話をしたいと思います。

僕は、その放送法改正案の法案審議（5月14日衆院総務委）で、東京大学の宍戸常寿《ししどじょうじ》参考人から、こんな答弁を引き出しました。

「現在で申しますと、テレビを持たないということによって放送全体を支えるということに自分は与しないという方の自由というのは、これは放送法は保障しているわけでございます。同じことが、インターネットに放送が同時再送信されるといった場合においても、その自由を確保するということがあって初めて、むしろみんなが自発的に放送制度を支える、公共放送を支える、真によりよい放送をつくるという意味で必要な部分があるのではないかと私は考えております」

「ひとつのやり方は、例えばNHKの番組、あるいはNHK以外も含めて、民間放送も含めての同時配信を受けるというような場合に、何か端末に、例えばアプリを入れて専用のビューアーで見る、そういうふうな方については、スマホをテレビとしていわば使うということなので、受信料あるいはそれ相当の負担をしていただく、それを入れていない方はそうではない、端末をテレビとして使われているわけではない、そういった線引きができるのではないか、これがひとつのアイデアでございます」

これは大変に重要な答弁であり、僕は、

「私は大賛成でありまして、これからの時代、スマホに、どうしてもNHKを見たいんだということでNHKのアプリを導入している方は、これは契約だ、そうでない方は、それはNHKは見ないというようなことができるのが、これからのネット時代、私は当然だと思っています」

と応じました。そして、先ほど紹介したマニフェストが完成したのです。

先の参院選にＮＨＫ改革を標榜する政治グループが候補者を擁立して1議席を獲得しましたが、彼ら彼女らの主張は、あくまでも放送電波のみを視野に入れた古い土俵の上で、ＮＨＫ放送をスクランブルすべきというものでした。

しかし、国会で現実の政治に向きあう中で、僕は、そうしたアプローチでは総務省もＮＨＫもびくともしない、むしろ、ネット時代のスマホ視聴というイノベーションの果実に焦点を据えることで、ＮＨＫ改革のエネルギーを動員できると考えたのです。

先ほどの宍戸参考人の答弁にあるように、放送電波については、「テレビ（受信機）を持たないということによって放送全体を支えるということに自分は与しないという方の自由」を現在の放送法でも担保しています。

しかし、同じ映像コンテンツがインターネットに同時配信されるスマホ時代を迎えた現在、そうした「自由」をどうやって確保するかといえば、「防災情報など公共性の高い分野はスマホ向け無料配信アプリを導入。有料部分は有料配信アプリの導入」（日本維新の会参院選マニフェスト）が一番、合理的で妥当なのです。

つまり、自民党が秩序を守ることに汲々としている間に、世界のイノベーションは映像コンテンツの分野でも、どんどん進んでいます。僕は、政治がボヤっとしている間に、既にイノベーションの波が放送通信分野を飲み込みつつあるのだから、僕たちのような小さな政党でも、そのイノベーションに光を当てることに成功すれば、必ず大きな山を動かすことができると考えているのです。

政治メディアの脆弱性をどう乗り越えるか

僕が、こうした映像イノベーションの影響力の大きさに気付かされたのは、『文化人放送局』というＹｏｕＴｕｂｅメディアが声をかけてくださって始まった『報道特注』のおかげです。

文化人放送局というのは『報道特注』がスタートする前から運営されていたＹｏｕＴｕｂｅチャンネルなのですが、その関係者が国会議員をメインに据えた新番組をつくりたいということで２０１７年に始まったのが『報道特注』なのです。

関係者がおっしゃるには、当時、無名だった僕に声をかけてくださったきっかけは、国会で電波オークションを取り上げながら、僕が「これからはネットで生きていく！」

と啖呵《たんか》を切っているのを見たからだそうです。思い起こせば、２０１６年11月15日の衆院総務委で僕は、こんなことを言っています。

「周波数オークションとかをあまりやると、もう二度と足立は地上波に出られなくなるんじゃないかという懸念、心配していただく同僚議員の方もいらっしゃるんですが、私はもうネットで生きていこうかなと思っていますので、これからもこの周波数オークションの問題、あるいは放送と通信の問題は、やり続けて、問い質していくことをお誓い申し上げて、質問を終わりたい」

なるほど、この質疑がなかったら、声をかけてもらうこともなく、同僚議員である和田政宗参議院議員はともかく、生田さんとも会えていなかったんだな、文化人放送局の関係者にも会えてなかったんだなって思うと、非常に感慨深いものがあります。

しかし、その『報道特注』は、本書の校了が迫る7月上旬、休止を発表せざるを得なくなりました。別のＹｏｕＴｕｂｅ番組『虎ノ門ニュース』でレギュラーを務める百田尚樹さんや有本香さんと僕がツイッター上でバトルになったことが背景にあり、関係者の皆様には本当に申し訳なく思っています。

僕が有本香さんのツイートに反撃した理由は、すでにツイッター等を通じて明らかにしていますので繰り返しませんが、もちろん僕にも反省点はあります。橋下徹さんがメルマガ（橋下徹の『問題解決の授業』［Ｖｏｌ・１５９］２０１９年７月９日配信「上」）に、こう書いてらっしゃいました。

「最後、公人が有権者に対して侮辱的発言ができるのは、自分が侮辱的発言を受けた場合の反撃くらいだろう……」

確かに、物事には程度があります。反撃が度を越すことのないよう十分に留意しながら、（１）私人に対しては、これまで以上に丁寧に接するように心がけ、（２）党のマニフェストや公認候補者に対する公人やメディアからの誹謗中傷には、これからも反撃をしていくことを、ここに明言しておきたいと存じます。

『報道特注』については、近い将来、何らかの形で復活・再開できることを願っていますが、痛感したのは、有料メディアの政治メディアとしての脆弱《ぜいじゃく》さでした。

僕は、初めて『報道特注』に参加した頃から放送局の規模拡大には否定的でした。放送局が『報道特注』のファンクラブ＝有料メンバーシップ制度をつくり、一定の収入を得るようになってからも、一切のギャラ等を求めなかったのは、そのためでした。まあ、現職の議員だからそれは当たり前なのですが……。

しかし、放送局自体は、自前のスタジオを開設する等、事業規模を膨らませていったため、僕の政治的言動で有料加入者が離反する等、フローの激変に耐えられない構造ができ上がっていたのです。

スタジオ運営やスタッフを使うためには収益を得なければならないことは理解していますが、やはり政治家が自ら情報発信をしていく媒体というのは、放送やネットのマスメディアに加えて、自分自身でも確保していくことが必要だと痛感した次第です。

僕は、すでに『あだチャン』というＹｏｕＴｕｂｅチャンネルを運用していますが、最近は開店休業状態でした。今後は、しっかり取り組んでまいりますので、ご愛顧のほどよろしくお願い申し上げます。

第四章　「三都物語」が織りなす日本の未来

第1節　僕が政治を志した原点・福島

実は僕には、政治を志した「三都物語」という原点があります。勘違いされては困りますが、東京都の小池百合子知事、大阪府の松井一郎知事（当時）、そして愛知県の大村秀章知事が連携するとした「三都物語」とはまったく関係ありません。もちろん、JR西日本のキャンペーン「大阪・京都・神戸」とも関係ありません。

政治家である**僕にとっての「三都物語」というのは、「福島」「大阪」「沖縄」の三都市です**。これら3つの都市に共通するのは、戦後の「中央集権」という自民党政治の犠牲になってきた都市という点です。

一番苦しんできた地域が一番豊かになる権利がある。一番苦しんできた地域が一番豊かになる義務がある。僕はそう考えています。本書の最終章となる本章では、なぜ福島と大阪と沖縄が日本の未来にとって大事なのか、個人的な思いも交えながら紹介してまいりたいと存じます。

福島第一原発事故こそ僕が政治を志した原点

平成の30年を通して、上皇上皇后両陛下は地震や台風など大きな災害が起きるたびに被災地を訪れ、被災した人たちに寄り添い、励まし続けてくださいました。被災者が避難している体育館などに駆け付け、スリッパも履かれず、床にひざまずきながら、被災者を見舞い励ます両陛下のお姿は忘れられません。

実は僕自身、長年奉職した官界から政界に転じたのは、**東日本大震災と、それに伴い発災した福島第一原発事故が大きなきっかけとなっています。**

第一章で自民党政治を取り上げ、第三章で新しい社会保障について論じたように、僕は政治家として、戦後の自民党政権がつくってきた政治行政システムを根本からつくり直さなければ、日本に未来はない、そう考えています。そう考えるようになった最大の契機は、2011年3月11日に発災した福島第一原発事故でした。

当時、僕はEU本部があるベルギーの「日本貿易振興機構」(JETRO)ブリュッセル・センターに駐在していました。その日、僕はブリュッセルのテレビで東日本大震災のニュースを見ることになります。

テレビでは、津波にのみ込まれる日本の街々の映像が繰り返しライブ中継されていました。当時の僕は、いわゆる駐在員生活ですから、もちろん調査業務等に忙しい日々ではありましたが、一日三食しっかり食事はとれますし、フランス料理やイタリア料理といった南欧のおいしい料理にも毎日のようにありつくことができました。

しかし、福島第一原発事故の発災を受けて、これは絶対に帰国しなければならない、「日本に帰ろう！」と思いを固めたのでした。

帰国するといっても、普通であれば、派遣元の経済産業省本省に戻るのが当たり前ですが、僕はそうはしませんでした。２０１１年の3月末日をもって経産省に辞表を提出し、21年間勤めあげた経産省を退職、生まれ育った地元・大阪に戻って、政治活動を始めたのです。

いずれの政党とも連携する間もなく、当然に公認等の決め事もなく、とにかく、まず帰国し、地元大阪に戻り、退職金を元手に個人での政治活動を開始したのです。

なぜそこまでしたかというと、東日本大震災そのものも衝撃的でしたが、福島第一原発事故が僕に与えた衝撃があまりに大きかったからです。

僕が勤めていた経済産業省というのは原子力発電を推進している役所です。僕自身は原子力行政に携わった経験はありませんでしたが、あれだけ「大丈夫だ」と言っていた原発が事故を起こし、メルトダウンまで起こすとは……僕の想像をはるかに超える出来事でした。

20年あまり経産省に奉職した一人の人間として、被災地のため、そして日本のために何かしなくてはいけない、そう強く思ったのです。

それと同時に、被災地に寄り添う天皇皇后両陛下のお姿も忘れられません。

1995年に関西で起こった阪神・淡路大震災、自分の人生を揺るがした東日本大震災……。全国の被災地に、被災者一人一人に寄り添ってくださる天皇皇后両陛下のお姿がありました。

両陛下のお気持ちに応えられるよう、僕も自分にできることを探し、人生を尽くしていきたい——。

それが、僕の政治家としての原点となったのです。

維新の「原発再稼働責任法案」を国会提出

原発事故で経産省を辞めた、というと、反原発だと思われがちですが、僕自身は、頭から原発再稼働や原子力エネルギーを否定する立場はとりません。経産省にいて、そのエネルギー政策上の役割も、安全保障上の含意も、熟知しているからです。

加えて、原発の再稼働が進もうと止まろうと、過去に積み上げた有毒性が極めて高い高レベル放射性廃棄物の塊は、これから10万年もの間、消えることがありません。僕たち現職の国会議員が、それは自民党の責任や！　と逃げずに、正面から向き合い、しっかり解決策を提示していかなければ、僕は、無責任との謗《そし》りを免れることはできないと思っているのです。

安倍政権も、国主導で使用済み核燃料の最終処分場の選定に取り組む方針を示してはいますが、その目途はまったく立っていません。処理方法の確立や場所選定までの行程表の提示もできていない状況で再稼働によって核のゴミを増やすことは、まさに「トイレのないマンション」という批判を免れることはできず、また、最終処分場に係る国民の理解と協力を更に困難にしていくでしょう。

　こうした認識から、僕は、高レベル放射性廃棄物の有毒性を劇的に減らすことができる可能性があると言われている「統合型高速炉」（ＩＦＲ）はじめ小型次世代炉といった新技術には期待を持っているし、仮に原発の稼働が止まったとしても、関連の研究開発だけは継続すべきと考えています。

　いずれにせよ、故郷を追われ避難生活を余儀なくされている福島の皆様に思いを馳せるとき、福島第一原発事故の教訓だけは絶対に蔑《ないがし》ろにしてはなりません。

　更に言えば、福島第一原発事故の教訓を踏まえたまっとうな原子力政策を再構築しなければ、日本の原発は確実にフェードアウトします。国民はそんなに愚かではありません。自公政権が今後とも原子力問題に正面から向き合わないのであれば、日本の原発に未来はない。僕は、こうした冷徹な認識から自公政権の原子力政策に厳しい眼差しを向け続けてきました。

　以上のような観点から、国会議員になって最初に僕が提出した議員立法が、次の５本の法律案を束ねた「原発再稼働責任法案」でした。

①　電気事業法等の一部を改正する法律案（電事法改正案）
②　発電用原子炉施設の使用の開始又は再開に係る特定都道府県の同意に関する法律案（自治体同意法）
③　原子力損害の賠償に関する法律及び原子力損害賠償・廃炉等支援機構法の一部を改正する法律案（原子力損賠・機構法）
④　原子力災害対策特別措置法の一部を改正する法律案（原災法改正案）
⑤　特定放射性廃棄物の最終処分に関する法律の一部を改正する法律案（最終処分法）

もちろん維新は弱小野党ですから、審議も採決もされていませんが、僕が政権の一角を担えるようになれば、必ず実現をしていきたい政策です。

原発を再稼働させたいなら、福島第一原発事故の教訓を取り入れ、国会事故調（東京電力福島原子力発電所事故調査委員会）から「規制の虜《とりこ》（Regulatory Capture）」と揶揄された無責任体制を改めなければなりません。

簡単に言ってしまえば、国、電力会社、原発立地地、電力消費地の責任を明確にして、「ちゃんとやる」「ちゃんとできないなら止める」という法案です。当たり前ですよね。

「原発ゼロ基本法案」が審議入りしなかったワケ

原発政策といえば、先の参院選でも野党各党が「原発ゼロ」を前面に押し出し、自公政権の原発再稼働を批判していました。

第二章の第3節でも簡単に触れましたが、立憲民主党、日本共産党、自由党、社会民主党の野党4党は、「原発ゼロ基本法案（原発廃止・エネルギー転換を実現するための改革基本法案）」を2018年3月に共同提出しました。

こうした無責任野党たちは、一年以上放ったらかしにしてきた同法案を、参院選の争点にしたかったのでしょう。今年の春から6月の会期末に至るまで、衆院の経済産業員会が開かれるたびに、審議しろ、審議しろ、と与党をせっついていました。

しかし、思い出してください。日本維新の会も「原発再稼働責任法案」を用意しているんです。「原発事故の教訓を生かして、ちゃんと責任を持って再稼働させてくださいね」「責任を果たせないんだったら再稼働させてはダメよ」という合理的な法案。一方の立憲民主党、共産党たち野党連合は、「とにかく原発はやめろ」という法案です。

これらを審議するなら、野党の間で調整して、両法案の審議を求めるか、野党で一本化した上で審議を求めるか、どちらかです。それが国会のルールだし、自民党の与党筆頭からも、まずは野党間で考え方をまとめるよう要請がありました。

そこで、僕は再三、衆院経済産業委員会の野党筆頭理事に政策協議、つまり法案すり合わせ協議を申し入れたのですが、「維新さん、勝手にどうぞ。僕らはこっちの考えです。譲るつもりはありません」という態度に終始し、政策協議の場を持つことさえができなかったのです。

賢明な読者の皆様は察してくださると思うのですが、結局、維新以外の野党は法案を審議して政策の中身を深めていきたいなんて微塵も思っていないのです。審議入りすれば新聞に載るけど、審議入りしなくても与党を批判できる、参院選を前にとにかく目立ちたい、パフォーマンスしたいと躍起になっているだけ。僕からすれば、なんて醜い、国民を愚弄した態度なんだろうか、と辟易するばかりでした。

ちなみに、維新以外の野党のひどさは、こうしたパフォーマンスの姿勢だけではありません。そうしたパフォーマンスための小道具として提出してくる議員立法の内容もひどいものです。

例えば、維新以外の野党による「原発ゼロ基本法案」において、核のゴミの最終処分については如何なる規定になっているのか？　僕の「原発再稼働責任法案」という束ね法案においては、核のゴミの最終処分のためだけに一本の法案「最終処分法案（特定放射性廃棄物の最終処分に関する法律の一部を改正する法律案）」を立案していますが、彼らの「原発ゼロ基本法案」には、核のゴミの最終処分について「適正な方法によるものとする」の一文しかありません。

既に述べたように、原発の再稼働が進もうと止まろうと、過去に積み上げた高レベル放射性廃棄物の塊をどう最終処分するのか、解決策を提示するのは国会議員の責任だと思うのです。

一番大事な問題をスルーして、選挙向けのパフォーマンスに終始する維新以外の野党。そんなおためごかしのお芝居の小道具を、まじめに審査するほど国会は暇じゃないと断じておきたいと思います。

ホルムズ海峡の有志連合が問う政治の判断

イランがホルムズ海峡の封鎖をちらつかせたり、航行する原油タンカーが攻撃されたりとホルムズ海峡の安全が不安視される事態が発生しています。

本年5月15日、僕は担当している衆院経産委で世耕弘成《せこうひろしげ》経産相に質問しました。

「本当にホルムズ海峡が封鎖になった時の対応を政府全体で検討されていると承知していますが、特にエネルギーということでは、原発についてもしっかり（再稼働の）準備を整えておくべきではないか」

世耕大臣は、

「高い関心を持って注視をしていきたい」

「我々は十分な備蓄も積み上げております」

といった通り一遍の答弁に終始されましたので、重ねて、

「規制委員会の判断をベースに再稼働していくというこれまでのルール、私は（ホルムズ海峡封鎖の際には）柔軟に（臨時異例の措置として再稼働を）検討してもいいんじゃ

ないか」

と提案しましたが、

「原発の再稼働に関しては、政府の方針、閣議決定された方針に従って再稼働を進めていきたい」と答えています。

僕がなぜ、こうした議論を提起したかといえば、とにかく日本政府は大事な問題を国会で議論しません。もちろん安全保障に関する事項は秘匿《ひとく》されなければなりませんが、例えば原発再稼働の是非等については早め早めに表で議論を深めていくべきなのです。

そうこうしているうちに、事態はどんどん深刻化していきます。6月13日、安倍総理がイランを訪問し、最高指導者との会談中に日本関連タンカーへの襲撃事件が起こり、トランプ大統領は、ツイッターへの投稿を通じて、こう挑発します。

「（ホルムズ）海峡から中国は原油の91％、日本は62％、他の多くの国も同じように輸入している」

「なぜ米国が他国のために無報酬で航路を守っているのか。こうした国々がいつも危険な旅をしている自国の船舶を守るべきだ」

「米国は世界最大のエネルギー生産国になった。そこにいる必要すらない」

そして、7月9日、米国の統合参謀本部議長が、中東のイラン沖等を航行する民間船舶を護衛するため、同盟国の軍などと「有志連合」の結成を目指す方針を示したのです。

原発ゼロも大事な議論です。繰り返しになりますが、東電が引き起こしたシビアアクシデントの教訓を忘れてはいけません。

再生可能エネルギーも、地域の山河、田畑、そして住環境を損なわない範囲で、あってもいいと思います。

しかし、ホルムズ海峡を無視して日本の経済も社会も平和もありません。原発依存から脱することも大事ですが、中東依存を脱することなく原発依存からだけ性急に脱しようとすれば、日本の経済と社会、国民の生活と仕事を危険にさらすことになりかねません。それが、僕たち国会議員が向き合わなければならない厳しい現実でもあるのです。

さて、そのホルムズ海峡ですが、2015年9月に成立した平和安全法制でも、ホルムズ海峡での機雷掃海を自衛隊が取り得る集団的自衛権の一例として挙げられていました。しかし、機雷掃海中に攻撃を受けた場合の反撃のレベルについては、まったく議論不足。野党の怒号とプラカードにかき消されて、ほとんど議論ができないまま法律が成立してしまいました。

もちろん平和安全法制以外にも、自衛隊法による海上警備行動がありますが、警護できるのは日本に関係する船舶だけです。海賊対処法もありますが、対象は海賊だけです。今回のホルムズ海峡に係る米国の要求にフルに応えようとすれば、何らかの立法措置どころか憲法9条の改正が必要になりそうです。

一方、有志連合の目的が実質的なイラン包囲網なのであれば、有志連合に加わること自体が、長年のイランとの良好な関係を破壊してしまいます。

僕は、現行の憲法解釈の範囲内で対応できる、つまり、法改正のみで対応できる、のであれば、有志連合に加わるのも選択肢のひとつだと思いますが、そうでなければ有志連合は見送り、日本に関連するタンカーの航行安全確保だけを旗印に自律的に自衛隊を派遣するのも選択肢であると考えます。

いずれにせよ、令和の新しい時代を迎えた今、僕たちは、平和安全法制の見直しも、憲法9条の改正も、タブーなく議論を深め、そして日本の針路を決めていかなければなりません。すべては日本の平和と安全、国民の生命と財産を守るために、心して取り組んでまいります。

核のゴミの処理もできる次世代原子炉で未来を拓け!

原子力に話を戻します。

先に、僕の原発政策は、国、電力会社、原発立地地、電力消費地の責任を明確化して、「ちゃんとやる」「ちゃんとできないなら止める」と書きました。まさにシンプルな原則ですが、正直なところ、「ちゃんとできないなら止める」と啖呵《たんか》を切れるほど、世界の中で日本が直面している原子力を巡る状況は、容易ではありません。

日立製作所が英国で計画していた原子力発電所建設計画が中断されるなど日本の原子力産業には厳しい経営環境が続いていますが、米国の原子力産業も、コストが安いシェールガスや再生可能エネルギーとの競争に押され、原発の廃炉が増えています。

そうした中で、現在、世界で建設中の50基以上の原発のほとんどは中国やロシアが建設する、いわば中露製なのです。中露による原発輸出は、外交戦略・安保戦略が密接に絡んでおり、まさに国策として推進しているので、商業ベースを度外視して進められています。

米中が貿易戦争で熾烈な戦いを繰り広げている中で、今世紀の原子力市場が中露に席巻されるのは、僕は日本の安全保障上も問題が大きいと考えています。

だからこそ、「ちゃんとやる」ことが大事であり、やみくもに原発ゼロを叫ぶのではなく、僕たちは「原発再稼働責任法案」という大部の法律案を策定すること等を含め、原子力の未来に真剣に向き合おうとしているのです。

さて、本節の最後に触れておきたいのは、次世代炉です。先に、僕は、過去に積み上げた有毒性が極めて高い高レベル放射性廃棄物の塊は、これから10万年もの間、消えることがないと書きました。

10万年というのは、民主主義の具体的な政治制度の中で、政治リーダーが判断できるレベルの問題ではありません。容器に入れて地層処分する最終処分場を受け入れる自治体の首長も然《しか》りです。

そうした観点も踏まえ、僕は、高レベル放射性廃棄物の半減期10万年を４００年まで短縮し、その有毒性を劇的に減らす可能性があるとされる統合型高速炉（IFR）はじめ小型次世代炉に注目しています。

日本国内で原発の再稼働が進もうと止まろうと、原子力技術の研究開発は続けなければなりません。中露をはじめ世界で原子力エネルギーの利用が続く以上、原子力技術の進化は必然です。発電等エネルギー創出の観点だけではなく、高レベル放射性廃棄物の有毒性を低減させるためにも、次世代の小型高速炉等の研究開発から撤退する選択肢はない、と僕は考えています。

仮に、人材育成や技術継承等の観点から、研究開発に商業炉がどうしても必要というなら、やはり商業炉も稼働させなければなりません。だからこそ僕は、「ちゃんとやる」ことに拘っているし、自公政権の覚悟のない対応を批判もしてきたのです。

安倍政権も、高速炉の開発は続ける考えと聞いていますが、高速増殖原型炉「もんじゅ」の廃炉を進めるなど腰が入っているようには見えません。

一方、世界に目を向ければ、高速炉の開発には、フランスやインドも熱心ですが、ロシアと中国の取り組みが群を抜いています。中国は、ロシアの技術協力を得て２０１１

年7月に高速実験炉CEFRの送電を開始し、2017年12月からは中国国産の高速実証炉CFR―600の建設も進め、投入する燃料は、いずれもロシアから供給を受けると報道されています。

こうした中国とロシアという大陸国家が一体となった原子力覇権に対し、「法の支配」「自由主義」「民主主義」の価値観を共有する日米印といった海洋国家が、どう対抗していくのか。

僕は、福島第一原発の廃炉作業を見つめながら、核のゴミの有毒性を低減できる次世代炉という新しい技術に希望を見出し、原子力の未来を切り拓いていくしかない、それが政治の責任であると考えているのです。

第2節　日本経済の双発エンジン・大阪

僕は、大阪生まれの大阪育ち。大学を卒業し上京してから21年にわたり霞が関に奉職してきましたが、前節で紹介したように、東日本大震災と福島第一原発事故を機に政治を志し、大阪で政治活動を始めました。学生時代を含めると25年も離れていた地元大阪でしたが、小学校、中学校、そして高等学校の同級生たちにも支えていただき、現在、衆議院議員３期を務めさせていただいています。

本年６月末、その大阪において日本で初めてとなるＧ20サミットが成功裏に開催されたことは既に触れましたが、２０２５年の大阪・関西万博の開催、統合型リゾートの開業なども含め、これまでの10年と今後の10年を通じて、大阪の都市格は格段に高まっていくでしょう。

本節では、大阪の経済発展がなぜ大事なのか、日本全体の発展にどう影響するのか、僕なりの考えを整理しておきたいと存じます。

江戸は政治、京都は文化、大坂は経済の中心だった

本章の冒頭、僕にとっての「三都物語」、つまり「福島」「大阪」「沖縄」の3都市に共通するのは、戦後の「中央集権」という自民党体制の犠牲になってきた都市という点だと書きました。

原子力、火力にかかわらず発電所を建設し、東京に電力を送り続けてきたのが「福島」であり、東京一極集中の煽りを受け経済面で最も地盤沈下したのが「大阪」であり、日本の安全保障のために米軍基地の拠点となってきたのが「沖縄」なのです。

したがって、福島の復興を成し遂げ、大阪経済を再生し、沖縄の基地問題を解決していくことは、ひとり当該都市の問題ではなく、日本の未来を拓くための最重要の国政課題であると、僕は考えているのです。

さて、東京一極集中という日本の国土構造の現実を見れば、戦後の自民党政治の中で、政治・経済・文化のすべてにわたり首都東京の発展が最優先されてきたという事実を、誰も否定できないと思います。

もちろん自民党も、自民党なりのやり方で、（むしろ、やり過ぎるくらい）地方に目《め》配《くば》せをしてきましたが、それらは、あくまでも東京を頂点とするピラミッド型のヒエラルキーの下であり、全国一律の土建国家としての開発ビジョンでしかありませんでした。国土総合開発法に基づき5次にわたり閣議決定された全国総合開発計画は、池田勇人《はやと》内閣の第一次（1962年の全総）から橋本龍太郎内閣の第五次（1998年の五全総）まで、いわゆる「均衡ある発展」を打ち出してきました。しかし、高度経済成長が終焉を迎え、人口が減少する中で、均衡ある発展といった全国一律の開発ビジョンは破綻、いわゆる「55年体制」も崩壊し、自民党は下野を余儀なくされたのでした。

それから現在に至る四半世紀もの間、自民党は公明党の力を借りて政権を奪還したものの、引き続き首都・東京が全国を引っ張るピラミッド型の経済で進んでいくのか、それぞれの地域が独自の努力と才覚で自律的に発展する多極分散型の国づくりを目指すのか、どちらに向かって進むのか、ハッキリしない政治が続いています。

もちろん、政権の刊行物を見れば、「均衡ある発展」に替わり、「特色ある発展」が前面に出るなど変化はありますし、地方分権も一定程度進んできましたが、地方の政治行政の現実にあっては、依然として、永田町と霞が関を頂点とするピラミッド型のヒエラルキーの下に、箸の上げ下げまでを霞が関にお伺いしなければならない構造は、温存され続けています。

こうした中で思い出したいのは、江戸から明治に移行する維新の時代に、廃藩置県によってつくられた現在の地方制度の原型です。当時の県は当初300以上あったものが統廃合され、現在の1都2府1道43県になったのですが、当初は「一都二府」ではなく「三府」だったのです。

「首府」であった東京府の代替地となり得るとされた京都府と大阪府。江戸東京は政治行政の中心、京都は文化の中心、大坂(大阪)は経済の中心として、江戸時代から日本三大都市に数えられた「三府」は、特色ある発展を続けていくはずだったのです。

「三府」から「一都」を経て、再び「三都」を目指すワケ

ところが、戦後の日本は、そうした地域の特色にはほとんど興味を示さず、戦時中に強化された中央集権体制のまま、高度成長とバブルの中に飲み込まれていったのです。

東京一極の行政機構面での基盤は、東條英機内閣時（1943年）に整備されました。東京府と東京市の二元行政が非効率であり帝都東京に相応しくない等の観点から、東京市を廃止し特別区を設置する都制度が施行され、東京都が発足したのです。

先ほど紹介した「三府」が「一都二府」となり、「首府」としてではなく「首都」として東京が日本全体の司令塔となる、そうした東京一極、中央集権という現在に至る流れは、戦後70年あまり、一貫して強化・維持されてきたのです。

そうした中で、10年近く前に結成された大阪維新の会は、大阪という大都市圏が大阪市域をはるかに超えて拡大した現在、広域の二重行政・二元行政を一元化するために、東京都と同じような（更に改善を施した）都制度を導入する、いわゆる「大阪都構想」を打ち出しました。来年の秋から冬にかけて、二度目の住民投票が行われる見通しとなっています。

「三府」が「一都二府」に移行したのは戦時中であり、中央集権体制を強化するためでしたが、民主的投票制度の下で初めて実施される「大阪都構想」の住民投票、つまり「二都一府」への移行は、むしろ逆に、東京一極から東西二極へ、そして多極分散型の国づくりへの第一歩として、位置付けていきたいと考えています。

分権型の「三府」から、中央集権型の「一都（二府）」を経て、再び地方分権型の「二都（一府）」へ移行させる、そんなダイナミックな統治機構改革に向けたトリガーに、大阪都構想がなればと願っているのです。

大阪都構想の背景にあったのは、繰り返し紹介してきた過度な東京一極集中に伴う大阪経済の地盤沈下でしたが、東京という一本足打法、単発のエンジンでは、大地震等の災害にもあまりに脆弱であるという、国の構造そのものへの危機感も強くあったのです。

東京が、政治行政の首都のみならず、経済首都も文化首都も含めたすべての機能を担当することは、国にとって災害にも脆弱に過ぎるし、都民の生活という視点でも過密の代償は小さくありません。

政治でも経済でも地域でも、一極が支配すれば弊害が大きくなります。人口減少・少子高齢化の厳しい峠を悠々と乗り越えていくためにも、これからは、地域が自律的に発展する多極分散型の国づくりを目指していくべきなのです。

なお、東京都に加えて大阪都というと、「都（みやこ）」はひとつでいい、と仰る方がおられますが、東京都や大阪都構想の「都」は、「都（と）」（＝日本の行政区画の名称で都道府県の一種）であって、「都（みやこ）」（＝天皇陛下がおわします場所）ではないので、誤解なきようにお願いいたします。都（と）がふたつあっても、何ら問題ないのです。

「三都物語」のおかげで助かった！

「都構想」について取り上げるに当たって、本年4月に行われた統一地方選の大阪府知事・大阪市長の「前倒し・クロス・ダブル選挙」に触れないわけにはいきません。知事選では前大阪市長の吉村洋文氏が、市長選では前大阪府知事で、日本維新の会・大阪維新の会の松井一郎代表がともに初当選を決めました。

この「クロス選挙」については、賛否の声が巻き起こったのを僕も承知しています。はたから見るとわかりづらいクロス選挙というのは、いったい何だったのか？

実はこの4月の統一選にたどり着くまで大変な難関がいくつかありました。一番の難関となったのは、２０１７年10月に行われた解散総選挙。その衆院選では、小池百合子東京都知事が「希望の党」を結党し、小池旋風が吹き荒れました。

先にも触れましたが、この選挙の直前、東京都の小池百合子知事、大阪府の松井一郎知事、そして愛知県の大村秀章知事によって、「三都物語」という看板の下で連携をしていくとの共同記者会見を行ったことを覚えておられるでしょうか?

結局、三都物語というのは会見だけやって、具体的な政策はほとんど示さず、すぐに大村知事が離脱したことで、一瞬で消えてしまいました。

しかし、あれは何だったのかというと、実は東京と大阪、両知事による「相互不可侵条約」だったのです。

愛知の大村さんは? お察しのとおり、東京と大阪だけでは露骨過ぎるので、「三都」にするための飾りに過ぎませんでした。大村さん、すぐに周りから「勝手なことするな!」と怒られて離脱されました(笑)。

「都民ファーストの会」代表でもあった小池知事が、民進党の前原誠司代表と手を組んで「希望の党」を結成した直後は、政権交代まで囁《ささや》かれるほどの勢いがありました。

あの突風はすごかったです。**もし仮に、松井代表があそこで「三都物語」の握手をし**

ていなかったら、たぶん今の維新の快進撃はなかったと思うのです。

大阪でも、「なんで小池なんかと手を組むんだ⁉」という声が大きく、不評だったのですが、相互不可侵条約がなければ、大阪の小選挙区は大阪自民党に席巻されていた蓋《がい》然《ぜん》性が高かったのです。

相互不可侵条約というのは、大阪という日本維新の会の本拠地には希望の党は攻め込まない。その代わり東京という希望の党の本拠地には維新の会は攻め込まないという約束。両党がお互いの本拠地で候補者を競合させないという選挙協力です。そのため、東京都下の小選挙区から維新は撤収しました。

あの時に希望の党が大阪から撤収してくれたおかげで、実は僕の今の政治生命があるといっても過言ではありません。

僕だけではなく、大阪をベースにした日本維新の会の衆議院議員の大半が、小選挙区を自民党に明け渡していたでしょう。

つまり、あの衆議院選挙に当たって希望の党と相互不可侵条約を結んでいなかったら、国政政党としての日本維新の会は、2025年大阪・関西万博の誘致決定、IR・統合型リゾートの誘致を前に、瓦解していたかもしれないのです。

希望の党と日本維新の会、東京と大阪の連携は、いろいろご批判も多かったのですが、負けたら終わりです。あそこで松井代表の英断がなければ、大阪の未来は変わっていたかもしれないのです。

公明党大阪府本部とガチンコ勝負に出た大阪維新の会

大阪維新の会は、橋下代表の時代から、公明党とはギリギリの駆け引きを続けてきました。

2014年の党大会で橋下代表（当時）は、都構想の住民投票の根拠法である大都市地域特別区設置法（大都市法）に規定されている法定協において、維新が準備してきた区割り案に「公明が反対したので、事実上、都構想の協議は止まる」とした上で、一年あまり前（2012年12月）の衆院選で大阪兵庫の計6選挙区で維新候補の擁立を見送る代わりに都構想の住民投票までは協力する約束だったはず、「宗教の前に人の道がある」と強い口調で創価学会を支持基盤とする公明党を批判しました。

これには公明党も、「公明党批判はかまわないが支持団体を揶揄《やゆ》するのは認められない」と猛反発しましたが、これを機に攻守逆転し、翌年2015年5月17日の住民投票が実現することとなるのです。

そして、今回も、公明党大阪府本部と大阪維新の会との間で締結された「任期中に大阪都構想の住民投票を実施する」とする幹事長間の密約（2017年4月17日）が焦点になりました。

合意書（密約）にある「任期」というのが、府議会議員の任期なのか知事市長の任期なのか……その解釈の違いを巡って、再び公明党と激しく対立することとなったのです。

単純化していえば、もし公明党が都構想の住民投票に賛成していれば、二度目の住民投票に向けて粛々と事態が進み、大阪府市の前倒しクロスダブル選もなければ、大阪府議会や大阪市議会で過半数獲得をかけたガチンコ勝負もなかったかもしれません。そして、住民投票までたどり着いたとしても、反維新のデマ攻勢に再び敗北を喫したかもしれません。

ところが、公明党との再びのガチンコ勝負。前倒しクロスダブル選に完全勝利するとともに、大阪府議会（定数88に55人を擁立し51議席獲得）と大阪市議会（定数83に43人を擁立し40議席獲得）では橋下代表の時代にも取れなかった数の議席を獲得し圧勝。すごいことだと思います。

勝因について僕がコメントするのは僭越《せんえつ》なことですが、私見として大きく3つ挙げるとすれば、

（1）府市一体の「バーチャル大阪都」の下に積み上げてきた地下鉄民営化等の実績

（2）府市両議会で過半数獲得という維新メンバー共通の「行動目標（運動目標）」と大阪都構想で大阪を豊かにするという「政策目標（戦略目標）」という2つのギアが大都市法の仕組みの上で完全にかみ合って回転するような一貫した目標

（3）公明党とのガチンコ勝負を厭《いと》わない闘う姿勢

が大きかったと考えています。実績があり、目標が明確であり、そして、闘う姿勢＝闘志を隠さなかった。今回の大阪維新の会の勝利は、偶然や有権者の気まぐれではなく、政治リーダーたちが執念で引き寄せていった必然の勝利であったのです。

そして、大阪での捨て身の前倒しクロスダブル選挙の結果、住民投票の実現が視野に

入るだけでなく、政策目標の大阪都構想そのものに対する各党の姿勢も大きく変化しました。

公明党大阪府本部の佐藤茂樹代表は、住民投票の実施を認めるにとどまらず、都構想自体に賛成する考えを表明。左藤章代議士のあとを継いで自民党大阪府連会長に就任した渡嘉敷奈緒美新代表も、住民投票等に協力する方向へ大きく舵を切ったのです。まさに、民意のものすごい力を得て、「大阪を豊かにする」ための大きな峠を乗り越えた瞬間でした。

都構想は「二都」以外の大都市にも必要か

そもそも、松井さんたちが何のために自民党を割って、橋下知事を担いで大阪維新の会を結成したかというと、ひとことでいうと「大阪を豊かにする」ためだと僕は思っています。

大阪を豊かにする――これが僕ら大阪維新の会の党是であり最大の政策目標であり、そのための手段が、大阪市域をはるかに超えて大きく拡がった大都市「グレーター大阪」の広域行政の一元化であり、大阪都構想だったのです。

しかし、今は簡単に「都構想」と言っていますが、先に紹介した大都市法（大都市地域特別区設置法）が成立する以前の地方自治法では、政令市を廃止して特別区を置くことは、逆立ちしてもできることではありませんでした。

ところが、大阪維新の会が日本維新の会として国政に進出する直前の２０１２年、みんなの党及び新党改革を皮切りに、自民党と公明党、更には当時の与党であった民主党と国民新党がこぞって地方自治法改正案を提出、一本化協議を経て、２０１２年７月30日に「大都市地域特別区設置法案（大都市法）」が共産党、社民党を除く超党派７会派によって共同提出され、同年８月29日に可決成立したのです。

大都市法は、道府県の区域内において政令指定都市と隣接自治体の人口が計２００万人以上の地域が対象となっていますので、決して大阪府市だけを念頭に置いた法制度ではありません。しかし、僕は、大阪府市が東京都と同じような大都市制度を持つ合理性は極めて高いと考える一方、他の地域で都制度を導入し「二都」から更に「三都」「四都」と拡大していくべきか、については、疑問を持っています。

例えば、北海道を例に説明しましょう。

そもそも政令市制度というのは、北海道知事を間にはさまずに霞が関の閣僚たちと直接交渉できる知事級の権限を札幌市長に付与する制度です。いちいち札幌市長が北海道知事のお伺いを立てるのは面倒であり合理的でもないという理由から生まれた制度なのです。

つまり、北海道には2人の知事級の権力者がいることになります。日本には、都道府県知事47人と政令市長20人とを合わせた67人もの知事級権力者がいるのです。少なくとも総務省をはじめとする霞が関の官僚たちは、67の地方公共団体を相手に仕事をしているのです。

しかし、北海道では、大阪府のような知事と市長の権限争いは先鋭化していません。行政区域としての札幌市と経済実態としての札幌都市圏が一致しているのが最大の理由です。北海道には、札幌市を政令指定して知事級の権限を付与する指定都市制度が大変上手くマッチしているのです。札幌都市圏の広域行政は政令市長である札幌市長が担当し、北海道知事は札幌以外の郡部を担当する。役割分担が明確なのですね。

次に、本節の焦点である大阪について考えてみましょう。

大阪では、行政区域である大阪市と経済実態としての大阪都市圏とが一致するどころか、長年にわたり激しく乖離《かいり》し、不幸せ（府市合わせ）と揶揄されるようなネガティブな行政コストを生み出し続けてきました。

現在の大阪大都市圏は、大阪府全域を丸ごと飲み込み、奈良や兵庫に大きく張り出しています。その一体として成長すべき大都市圏の中に、大阪府知事を飛び越して霞が関の閣僚たちと交渉できる知事級の権力者が3人もいるのです。大阪府知事、大阪市長、そして堺市長です。

特に大阪府知事と大阪市長とは、その有する権限の大きさが似通っているため、大阪という大都市の経営方針を巡って激しい争いになるのは、ある意味で必然なのです。

これは、大阪側から見ても、内紛が絶えないなど最悪の状態ですが、霞が関から見ても、大阪という大都市の経営方針を誰に聞けばいいのかわからないという厄介な問題を引き起こしてきました。

そこで、大阪府下の政令市を廃止して、（1）広域行政に係る権限を府知事に一本化すると同時に、（2）公選区長をトップとし、基礎的住民サービスを担当する特別区を設置する「大阪都構想」が、大阪維新の会の戦略目標として明確に位置付けられていったのです。

以上のような観点から、日本全国の都市圏マップを一瞥《いちべつ》すると、大都市法を適用する合理性が最も高い地域が大阪であることがよくわかります。

他方、関西の中でも京都市や神戸市という政令市は、都市行政を推進する上で、現在の政令指定を維持しつつ改革を進めることは十分に可能ではないでしょうか。

最後に、東京にも触れておきたいと存じます。

東京という大都市圏には知事級の権力者が少なくとも8人います。東京都知事。次いで、千葉県知事、埼玉県知事、神奈川県知事。更に、さいたま市長、川崎市長、横浜市長、相模原市長。

大阪は3人で揉めているのですから、権力者が8人もいる東京大都市圏では、もっと揉めているかというと、そうでもありません。

先に、大阪府知事と大阪市長の有する権限の大きさが似通っていると書きましたが、今挙げた関東の権力者サークルにあっては、東京都知事の権力が群を抜いているため、他の権力者たちは皆が都知事の方を向いて仕事するので、揉めないのですね。

政治というのは面白いものです。まあ、その強大な権力を有する都知事が小池百合子さんだという不幸があるにせよ（笑）、大阪のような政令市を巡る問題が先鋭化することはないようです。

ただし、東京についてひとこと付言すると、そうした関東全域をカバーする大都市「グレーター東京」の経営方針を決めている都知事を選ぶ重要な選挙に、埼玉都民や千葉都民は参加できないのです。僕は、これこそ問題であって、東京の経済実態に正面から向き合えば、僕は、道州制を真っ先に導入する合理的理由があるのは、関東州であり、次いで関西州であると思っているのです。

以上、都構想、都制度の説明に紙幅をとってしまいましたが、本節を通して、大阪維新の会が何を考え、何と闘ってきたのか、その一端を知っていただければ幸いです。

第3節　日本の平和と安全の礎・沖縄

本章では、僕が政治を志した「三都物語」という原点について書いてきました。第1節では、福島第一原発事故を機に経産省を辞して政治に転じたことから書き起こし、僕の原子力エネルギーに関する考え方を紹介しました。第2節では、大阪で新しい政治を生み出した大阪維新の会と都構想について、その内容とともに政治的背景について、私見を披露しました。

そして本節では、戦争と戦後の日米関係に翻弄《ほんろう》されてきた沖縄の米軍基地を取り上げます。これもまた、ひとり沖縄の問題ではなく日本の問題として正面から向き合うべきテーマであることは言うまでもありませんが、大事なことは国と沖縄県との法廷闘争が繰り広げられるばかりの不幸な展開から脱却するための具体的なアイデアでありアクションです。

ついては、沖縄県の米軍基地について簡潔にレビューするとともに、日本維新の会の橋下前代表が提起する「米軍基地設置手続法」の有効性について、僕なりの意見を申し述べたいと存じます。

本章の冒頭に、「一番苦しんできた地域が一番豊かになる権利がある。一番苦しんできた地域が一番豊かになる義務がある」と書きました。僕がそう書いたのは、まさに「沖縄」を念頭に置いたものだからです。

普天間の辺野古移設を巡る法廷闘争は泥沼化

日米安保条約に基づく在日米軍基地の4分の3近くが、今も沖縄に集中しています。そして、米兵による事件、米軍基地への経済依存はじめ多くの基地問題が引き起こされてきました。更に、米軍普天間《ふてんま》基地の名護《なご》市辺野古《へのこ》移設の問題に係る国と沖縄県との法廷闘争は、泥沼化して出口が見えません。

僕は、現在のような公有水面の埋め立てを巡る法廷闘争は、県側に、それしか抵抗の手段がないために使われているに過ぎず、国と沖縄県との関係は悪化する一方であることを、非常に残念に思っています。

辺野古移設に伴う公有水面の埋め立てを巡る法廷闘争は、2016年に県側の敗訴がいったん決定していました。

しかし、その後も対立が続き、2018年に沖縄県が埋め立て承認を撤回すると、本年（2019年）4月に石井啓一国土交通相が沖縄県による埋め立て承認の撤回の効力を取り消す、というように泥沼化。本年7月には、沖縄県が、埋め立て承認の撤回の効力を国交相が取り消したのは違法だとして提訴しています。

どうして、このような事態を招いたのでしょうか。簡単に経緯を振り返っておきたいと思います。

僕が大学を卒業し霞が関に奉職した1990年の12月に誕生した沖縄県の大田昌秀知事は、二期目の1996年、おおむね20年後を構想した沖縄県の新しいグランドデザイン「国際都市形成構想」を取りまとめるとともに、「基地返還アクションプログラム」を策定しました。これらの考え方は、今も沖縄の将来ビジョンの基礎とすべきであると、僕は考えています。

1995年、米兵による少女暴行事件が起き、基地の整理縮小や地位協定の見直しを要求する運動が拡大した時期でもありました。

少女暴行事件で県民の怒りは高まり、これが米軍普天間基地の返還合意にまでつながっていきます。

1997年には普天間基地の移設先が名護市辺野古に固まり、その後も工法等を巡って様々な出来事がありましたが、2002年に計画案が固まり、2006年には、2014年までに代替施設を建設し普天間基地を移転させるという「再編実施のための日米のロードマップ」が決まったのでした。

ところが2009年に民主党政権が誕生すると、状況が一変します。

ちょうど10年前、政権交代前夜の2009年7月19日、民主党の鳩山由紀夫代表は、普天間基地の移設先を「最低でも県外の方向で積極的に行動したい」と発言、1カ月後の総選挙で民主党政権が樹立され鳩山内閣が発足すると、辺野古への移設は事実上白紙となったのです。

そして、同年11月には鳩山首相が米国のオバマ大統領に「私を信頼してほしい（トラスト・ミー）」と伝え米国の不信を招き、翌2010年5月、鳩山首相は県外移設を諦め、移設先を再び辺野古とする政府方針を閣議決定、当の鳩山首相は6月、自身の政治とカネの問題もあり退陣を余儀なくされるのです。

当時の仲《なか》井《い》眞《ま》弘多《ひろかず》知事は、２０１３年12月に辺野古の埋め立てを承認しますが、２０１４年11月の沖縄県知事選挙で、「あらゆる手段を尽くして新基地は造らせない」ことを公約に掲げた翁《お》長《なが》雄《たけ》志《し》氏に大敗。翁長知事は、「仲井眞知事による埋め立て承認に瑕《か》疵《し》があった」とする第三者委員会の報告をもとに埋め立て承認を取り消し、今日に至るのです。

橋下さん提案の「米軍基地設置手続法」とは？

こうして見てくると、「悪夢」と揶揄される民主党政権への批判も、あながち誇張とは言えないと思えてきます。本当にひどい政権運営をしてくれたものだと思いますが、いつまでも民主党政権の責任を云々していても事態は変わりません。

僕は、国と沖縄県とが法廷闘争を続けるのは、それも公有水面の埋め立てという手続きに係る県知事の権限を巡って国と沖縄県が法廷闘争を続けるのは、国にとっても沖縄県にとっても不幸なことであり、なんとか打開策を講じなければならない、と思い続けてきました。

そうした中で、日本維新の会の橋下前代表が本年1月に刊行した『沖縄問題、解決策はこれだ！　これで沖縄は再生する。』（朝日出版社）の中で提起する「米軍基地設置手続法」という考え方に、大変感銘を受けたので、簡単に紹介しておきたいと存じます。

ちなみに同書は、アマゾンのカスタマーレビューで平均星2つというひどい評価を受けているものですが、僕は数ある橋下さんの著作の中でも、最も優れた著作のひとつであると、5つ星の評価をしている次第です。

橋下さんは、単純な辺野古YES、辺野古NOを越えて、沖縄の米軍基地問題の根本から解決する方策として、都市計画法のような「手続法」が有効だと指摘します。言われてみれば、確かにそのとおりです。

日本が戦後70年あまり、大きな経済と豊かな社会を築いてくる中で、必要な街づくりがなされてきました。

その過程で、例えば道路、公園といった街づくりに必要な施設については、都市計画法に基づき、市町村が都市計画の案を公告縦覧や都市計画審議会の議決等の手続きを経て、都市計画に定めた上で認可を受け、都市計画事業として整備するという手続きが都市計画法に定められています。

そして、そうした都市計画事業については土地収用法の収用適格事業とみなされることが法定されているため、土地収用法の規定に基づく土地等の収用が最終的には可能になっています。

こうした都市計画に係る仕組みを勉強する中で、僕は、道路だけではなく、本章第1節で取り上げた高レベル放射性廃棄物の最終処分場についても、本節のテーマである米軍基地についても、道路と同じような手続法を整備すべき、という考えに至りました。

橋下さんの意見は、具体的には、こうです。

◎米軍基地をどこに設置するかは、日本政府が一方的に決めることができることになっている。

◎米軍基地を、日本政府という行政が、住民の意見をしっかり聞く手続きを踏まずに、一方的に造ったり移設したりすることができるのか？
◎特定の地域に米軍基地を設置することを狙った法律ではなく、「一定の手続きを踏めば」日本中のどこにでも米軍基地を設置できる一般的な法律が必要。
◎これにより、沖縄と本土が完全に公平な扱いになる。一般的な手続法を使えば、沖縄と本土を法制度上、同一の環境にできる。
◎この手続法を国会で審議する際の最大の論点は、「住民の意見をどこまで聞くか」。国会議員は自分の地元に米軍基地が来るかもしれないので真剣に検討する。
◎厳しい手続きにすれば沖縄に米軍基地を設置できなくなるし、緩い規定にすれば沖縄にも設置できるが自分の地元にも設置されるかもしれない。

以上、勝手に要約しましたが、橋下さんが提案する「手続法」というのは、普段はボォーとしている国会議員の尻に火をつける、本土の国会議員が沖縄の米軍基地の問題を我が事として真剣に検討するように仕向ける、そのための仕掛けというわけです。

手続法がない理由を説明できない防衛官僚

「手続法」についての議論は興味深かったので、先の通常国会でも防衛省と議論しました。6月12日の衆院経済産業委員会。僕は、高レベル放射性廃棄物の最終処分場にも土地収用法を適用すべきと指摘した上で、関連質問として、防衛省地方協力局の田中次長と概要、こんなやり取りをしました。

○足立委員　辺野古に米軍基地を造るということについては、なんで都市計画法のような手続きをやらないいんですか。要するに、国民の皆様、沖縄県民の皆様、あるいはその周辺地域の皆様に、ここに米軍基地を持ってきますよということを、審議会で議論したり、公告したり、縦覧したり、都市計画法で道路一本つくる時にやっている手続きをなぜ防衛省はやろうとしないんですか。

○田中次長　日米地位協定第二条に基づく在日米軍施設・区域の提供につきましては、米側から要請がある場合には、その必要性や設置場所等につきまして、日米安保条約の目的の達成や、社会的、経済的影響等を総合的に勘案して判断するとともに、地元の理解と協力が不可欠との認識のもと、影響を受ける関係地方公共団体に対して丁寧に説明を行うなどして、地元との合意に向けた調整も行うこととしております。その上で、日米合同委員会における合意、閣議決定、政府間協定の締結、官報公告等の手続きというものも行っているところでございます。

このように、在日米軍施設・区域の提供につきましては、関係する地方公共団体に対しまして丁寧に説明を行うなどして、理解と協力を得られるよう努めているところでございます。

○足立委員　丁寧に説明するとおっしゃいました。要は、都市計画法では、道路一本つくるだけ、道路一本つくるためにさまざまな手続を踏んでいるわけです。民主主義というのは手続きですよ。手続きが民主主義を支えるわけですよ。道路一本つくる時にさまざまな手続きをするのに、今おっしゃった、辺野古の基地は丁寧に説明しますと（言うだけで、具体的な手続法はない）。

では、手続きはどうなっているんですか。どういう手続きを経ながら説明を尽くしているんですか。

○田中次長　いわゆる防衛施設の、在日米軍施設・区域の提供につきまして、都市計画法のような手続きというものが現在法制化されていないというのは事実でございます。

だからといって、住民の声あるいはその自治体の声というものをまったく聞かずにこれを進めてまいるというのは、政策的に我々はそれは問題であろうというふうに考えておりますので、そこは法制化はされていないものの、きちんと、住民の意見、あるいは首長さん、議会の意見というものは聴取した上で、提供というものを進めていきたいというふうに考えておるところでございます。

○足立委員　自民党の皆さん、聞きましたか。あまり聞いていないか。まさに、防衛省の田中次長が悪いんじゃないですよ、皆さんが悪いんだよ、ほったらかしにして。

道路一本つくる時にもやってきた丁寧な説明は、日本の法体系の中では都市計画法という手続法によって担保されてきたんです。でも、米軍基地についてはほったらかしですよ。今あったように、手続法がないんだから。でも、ちゃんとやりますと。誰がそれを理解しますか。

道路一本でさえやっていることを、米軍基地については日本政府はやってこなかったんです。それは、日本政府の官僚たちが悪いんじゃないです、自民党がだらしないからですよ。ほったらかし！

僕は、やはり自民党の責任が大きいと思っています。核のゴミの最終処分場や在日米軍基地の場所を決定するに際しても、道路を建設するに際してと同様の、あるいは更に丁寧な「手続法」が必要なのです。

憲法9条改正でトランプのボールを打ち返せ！

本書冒頭の序文を、僕は、トランプ大統領のある言葉を紹介するところから書き始めました。

「我々が（日本を）助けるのなら、日本も我々を助けるべきだ」

いわゆる日米安保不平等論です。

こうしたトランプ大統領の認識に対し、日本政府の模範解答は承知しています。例えば、岩屋毅防衛相は7月2日の記者会見で、こう述べています。

「(日米安全保障条約は)全体としてみれば日米双方の義務のバランスは取られており、片務的との指摘は当たらない」

トランプ大統領は、米軍の対日防衛義務を定めた日米安保条約第5条を念頭に不平等と主張しますが、それに対する岩屋防衛相の説明は、こうです。

「6条に基づいて日本は米軍に基地を供与している」

「日米同盟はアジア太平洋地域の平和、繁栄、自由の礎《いしずえ》だと機会あるごとに(米側と)確認されている」

確かに、そうなのですが、本当に、そうした説明で、沖縄の米軍基地や日米地位協定について、米国と対等に交渉ができるのでしょうか。

トランプ大統領からの剛速球は、重たすぎてキャッチするのがなかなか大変ですが、日本の無責任野党が明後日の方向に投げる大暴投とは異なり、ストライクゾーンど真ん中のボールなので、そのボールを日本の政治リーダーがしっかり受け止めて打ち返せば、日米地位協定の改定を含めて沖縄の米軍基地問題を大胆に解決していく大きなチャンスにしていくこともできると僕は思うのです。**その場合には当然、憲法9条の改正、日米安保の見直し等も必要になるでしょう。**

折しも、英国では、テリーザ・メイ英首相が党首を引責辞任したのを受けて行われた与党・保守党の党首選で、ボリス・ジョンソン前外相、元ロンドン市長の当選が決まりました。

ジョンソン氏を支持する強硬離脱派のアンドレア・レッドサム前下院院内総務は、いわゆるブレグジットを選んだ国民投票の結果を尊重すべきとしながら、英連邦の実力をこう表現しました。

「英国は世界第5、6位の経済を持ち、世界に冠たる大学がひしめいている。英連邦は約25億人を擁する。それがEUを離脱したあとのアドバンテージになる」

まさに、そのとおりだと僕は考えます。

トランプ大統領が率いる米国とがっぷり四つに組んで、日米同盟と沖縄の未来について新しい地平を拓くとともに、日米同盟を日米英三国同盟にバージョンアップし、インドや豪州といった英連邦を含めて、強力な安全保障体制を構築していく必要があると思うのです。

中国やロシアといった大陸国家に対抗していくためには、日米英連邦に台湾を含めた「海洋国家ネットワーク」を強化していくことが、ますます重要となるのです。

今日の香港、明日の台湾、明後日の沖縄

その英国が150年以上にわたって植民地としていた香港が揺れています。

香港政府が改正を急ぐ「逃亡犯条例」を巡って、香港市民の大規模な抗議デモが続いているのです。

そもそも香港島は、1842年のアヘン戦争後に英国領となり、その後、英国は当時の清朝政府から「新界」と呼ばれる香港の残りの地域を99年間租借し、成立してきました。99年の返還期限が迫る中、英国と中国は、返還から50年は「外交と国防問題以外では高い自治性を維持する」、つまり一国二制度を維持することで合意し、今に至ります。

今回の抗議デモの参加者は、逃亡犯条例の改正案が通ってしまえば、中国政府による香港統治が強化されると警戒しているのです。

そして、香港で最初の大規模デモがあって以降、台湾の各地でも集会が開かれているといいます。集会で語られるのは、「今日香港　明日台湾」という言葉。中国は台湾に香港と同じ「一国二制度」の受け入れを迫っており、「現在の香港の姿は将来の台湾の姿だ」という台湾側の危機感が深まっているというのです。

先日、『報道特注』に門田隆将《りゅうしょう》さんにお越しいただいた際、「中国が香港の次に狙っているのは台湾、そして、その次は沖縄だ」という趣旨の話をしました。

本土の国会議員が沖縄の未来を真剣に考え、米軍基地という沖縄にとって厳しい負担をどう軽減していくのか、我が事として取り組まないのであれば、沖縄の側から、それこそ橋下さんのいう意味での独立運動が起こってもおかしくない、それくらいの覚悟で、責任を果たしていかなくてはならないと僕は考えるのです。

本節を閉じるに当たり、先の大戦で大田實《みのる》海軍中将が自決する直前に海軍次官宛てに発信した電報の一節を引用し、筆をおきたいと存じます。

「沖縄県民斯ク戦ヘリ
県民ニ対シ後世特別ノ御高配ヲ賜ランコトヲ」

おわりに

戦後の自民党政治がまだ輝いていた昭和の時代、そして日本新党、新進党、民主党が政権交代を試み失敗を繰り返した平成の30年を経て、新しい令和の時代を迎えました。令和の新しい時代に相応しい新しい国会、新しい社会、そして新しい日本を創り、そして次代に引き継いでいきたい、そんな止み難い思いから、本書をまとめました。

前半では、僕が初当選から7年近く経験してきた国会の現実というものを遠慮せず書かせてもらいました。万年与党と万年野党とが繰り広げる茶番劇に終止符を打ち、芝居小屋になり果ててしまった国会を本来の「言論の府」にしなければならないとの思いからです。第一章では、〝万年与党〟自民党と連立を組む公明党も取り上げ、今年で20年を迎えた自公連立政権について論じました。第二章では、万年野党に安住するだけの無責任野党の何が問題か、僕の持論を紹介しました。

後半では、激動する世界情勢、人口減少と少子高齢化に対応し、しっかりと地に足を付けて日本の進むべき道を定めていかねばならないとの思いから、国政の主要テーマについて論じました。第三章で取り上げた皇位継承、格差是正、放送通信の3つは、守るべきもの、変えるべきもの、変わらざるを得ないものの代表例であり、第四章の原発事故、統治機構、米軍基地の3つは、本来は平成の間に解決をしておくべきだった難度の高いテーマです。

激動する世界情勢の中で、日本がこれからも繁栄を続けていくためには、万年与党と万年野党とが繰り広げる「国会という茶番劇」に終止符を打ち、本書で取り上げた日本の針路にかかわる国政課題をしっかり前に進めていくことが絶対に必要です。

そうした意味で、**令和最初の国政選挙となった7月の参院選で、万年与党にも万年野党にも与しない日本維新の会が伸長したことの意味は小さくないと思っています。**

定数4の参院大阪選挙区に2人の候補者を擁立しワンツーフィニッシュを果たすとともに、東京選挙区、神奈川選挙区といった関東でも公認候補が立憲民主党や共産党候補を退け勝利しました。また、大阪以外の全国の地域政党とも連携して、地域で支持され愛されている多くの政治家を仲間に迎え入れることもできました。

これまでの日本維新の会は、「大阪の地域政党」、「自民党の補完勢力」などと揶揄されることもありましたが、そろそろ被っていた猫を脱ぎ捨て、獅子となって新しい時代を創らねばなりません。

今回の参院選は、そのためのスタートに相応しい大きな力を日本維新の会に頂戴したと感じています。

そもそも地域と国、地方政治と国政とは、どんな関係にあるべきなのでしょうか。従来の古い政治のイメージでは、三角形のピラミッドの頂点に国会議員がいて、偉そうにふんぞり返っている。その下が都道府県会議員、さらにその下に市町村議会議員というように完全にヒエラルキーになっていました。それが証拠に、既存政党が合従連衡・離散集合する際には、例外なく永田町で決まっていきます。最近の民主党、民進党の分裂劇も同じでした。

しかし、そうした国会議員の、国会議員による、国会議員のためのピラミッド型政治のもとでは、税金を払っており主権者であるはずの国民が三角形の底辺に置かれ、税金で生活している議員や公務員が上という、本末転倒した政治を正すことができないままできたのです。

そんな古い政治は、もう終わりにして、地方で生まれた唯一の国政政党、日本維新の会と同じように、逆三角形の一番上辺に主権者である国民がいる。

そして北は北海道から南は沖縄まで、それぞれの地域で住民の皆様から愛されてきた地域政党が地域の発展のために力を尽くす。

そうした地域政党を国政政党そして国会議員が一番下から支える。

そんな逆ピラミッド、逆三角形の政治を実現していく中で、初めて日本政治の新しい扉を開くことができると考えています。

万年与党と万年野党が保身のために馴れ合うだけの「新55年体制」に終止符を打って、新しい時代に相応しい新しい国会、新しい社会、そして新しい日本を創るために、令和の時代を走り抜けてまいりたいと存じます。

令和元年7月吉日　足立康史

国会という茶番劇
維新が拓く日本の新しい政治

2019年9月10日初版発行

著者　足立康史

足立康史（あだち　やすし）
1965年10月14日大阪生まれ。京都大学工学部卒業、同大学院工学研究科修了、米国コロンビア大学大学院修了。1990年、通商産業省（現・経済産業省）に入省。2011年3月の東日本大震災を機に政治に転じ、2012年秋の日本維新の会結党に参加。第46回衆議院議員総選挙に出馬し初当選、現在3期目。党政調副会長、憲法調査会事務局長、幹事長代理を歴任。憲政史上最多タイとなる6度の懲罰動議を提出されるが、永田町の茶番政治に終止符を打つべく怯まず論戦を展開している。著書に『永田町アホばか列伝』（悟空出版）、『宣戦布告』（小川榮太郎氏との共著。徳間書店）などがある。

発行者　横内正昭
編集人　内田克弥
発行所　株式会社ワニブックス
〒150-8482
東京都渋谷区恵比寿4-4-9えびす大黒ビル
電話　03-5449-2711（代表）
03-5449-2716（編集部）

装丁　橘田浩志（アティック）／
小口翔平・岩永香穂・三沢稜（tobufune）
校正　大熊真一（編集室ロスタイム）
撮影　芹澤裕介
メイク　大坂ひとみ
構成　中野克哉
編集　岩尾雅彦（ワニブックス）

印刷所　凸版印刷株式会社
DTP　株式会社 三協美術
製本所　ナショナル製本

定価はカバーに表示してあります。

ISBN 978-4-8470-6629-0
ワニブックス HP　http://www.wani.co.jp/
WANI BOOKOUT　http://www.wanibookout.com/